Birk Grüling
Eltern als Team

Birk Grüling

Eltern als Team

Ideen eines Vaters
für gelebte Vereinbarkeit

Kösel

Sollte diese Publikation Links auf Webseiten Dritter enthalten, so übernehmen wir für deren Inhalte keine Haftung, da wir uns diese nicht zu eigen machen, sondern lediglich auf deren Stand zum Zeitpunkt der Erstveröffentlichung verweisen.

Wir haben uns bemüht, alle Rechteinhaber an den aufgeführten Zitaten ausfindig zu machen, verlagsüblich zu nennen und zu honorieren. Sollte uns dies im Einzelfall nicht möglich gewesen sein, bitten wir um Nachricht durch den Rechteinhaber.

Penguin Random House Verlagsgruppe FSC® N001967

Copyright © 2021 Kösel-Verlag, München,
in der Penguin Random House Verlagsgruppe GmbH,
Neumarkter Str. 28, 81673 München
Umschlag: Weiss Werkstatt München
Umschlagmotive: © Huza Studio/shutterstock.com
Illustration S. 205: © stock.adobe.com/Fotoschlick
Redaktion: Dr. Daniela Gasteiger
Satz: Uhl + Massopust, Aalen
Druck und Bindung: CPI books GmbH, Leck
Printed in Germany
ISBN 978-3-466-31159-0
www.koesel.de

Dieses Buch ist auch als E-Book erhältlich.

Dank geht an meine wunderbare Frau und meinen Sohn – ohne ihre Unterstützung hätte ich nie das Buch schreiben können, ohne sie hätte ich nie über das Thema Vereinbarkeit von Beruf und Familie nachgedacht.

Inhalt

Einleitung:
Wie steht es um die Vereinbarkeit von Beruf und Familie? 11

Vereinbarkeit braucht Vorbereitung. 21
Warum wir eine Familienvision haben sollten 21
Ich als Mutter, ich als Vater 24
Das gemeinsame Gespräch 26
Was ist eigentlich Elternzeit? 31
Was ist eigentlich Elterngeld? 32
Was ist eigentlich ElterngeldPlus? 32
Wie ist es, sich die Elternzeit zu teilen? 33
Bitte, liebe Väter, geht in Elternzeit! 37

Das erste Jahr mit Baby 43
Wie wir unseren Alltag mit Baby finden.................. 44
Fokus auf die wichtigen Dinge 47
Gemeinsam und für sich 49
Gerechte Aufteilung der Care-Arbeit..................... 52
Warum wir uns schleunigst vom Bild
der perfekten Mutter trennen müssen.................... 58

Warum Selfcare so wichtig ist: Für uns sind vor allem
wir selbst verantwortlich............................... 65
Selbstfürsorge ist auch Selbstliebe 70
Paar bleiben im ersten Jahr: Pragmatisch wird
zum neuen Romantisch................................ 72

Wie sorgen wir für Entlastung im Alltag?.................... 77
Wer kann uns helfen?................................. 78
Kurse und Austausch mit anderen Eltern................. 80
Ohne Kita ist Vereinbarkeit kaum möglich 86
Woran erkennt man eigentlich eine gute Kita?............ 91

Wiedereinstieg in den Beruf.............................. 99
Wiedereinstieg vorbereiten 102
Warum Elternsein eine wertvolle
Schlüsselkompetenz ist 106
Elternzeit als Anstoß zu beruflicher Veränderung......... 111
Wie erleben Eltern ihren Wiedereinstieg?
Drei Erfahrungsberichte................................ 115

Vereinbarkeit auf Dauer 123
Eine Bestandsaufnahme: Was muss sich verbessern?...... 123
Erste Säule der Vereinbarkeit: Die Familie 129
Die Morgenroutine....................................... 129
Routinen schaden auch am Rest des Tages nicht............... 134
Alltag entrümpeln: Weniger ist mehr 137
Gemeinsam ist es leichter.................................. 139

Im Alltag darf es ruhig pragmatisch sein. 143
Wir sollten unser Hilfesystem weiter ausbauen. 147
Kinderbetreuung ist keine Privatsache 149

Zweite Säule der Vereinbarkeit: Der Beruf 153
Wie gelingt eigentlich berufliche Gleichberechtigung? 154
Wir müssen über Geld reden 156
Warum die Corona-Pandemie neue Chancen
für Vereinbarkeit bietet 159
Wie wir unser eigenes Arbeitsmodell finden 165
Drei Arbeitsmodelle für eine bessere Vereinbarkeit. 169
Warum Familienfreundlichkeit auch eine Aufgabe
von Unternehmen ist 178

Dritte Säule der Vereinbarkeit:
Das Ich und das Wir 183
Meine Routinen: Ein Coach erzählt 184
Warum die Familie nicht immer vorgeht 186
Vier Tipps für mehr Selbstfürsorge im Familienalltag 189
Partnerschaft: Im Gespräch und Gefühl bleiben 193

Mein Fazit: Wir Eltern als Team 199
Danksagung 203
Anhang 205
Anmerkungen/Endnoten. 209

Einleitung:
Wie steht es um die Vereinbarkeit von Beruf und Familie?

Ich beginne dieses Buch mit einem Versprechen. Es soll ein konstruktives Buch über die Vereinbarkeit von Familie und Beruf sein. Ich möchte Möglichkeiten aufzeigen, wie wir als Eltern unseren Alltag und unsere Termine etwas leichter bewältigen können, wie wir uns selbst und als Paar in dem ganzen Familientrubel nicht vollends verlieren, wie wir uns beruflich verwirklichen können, ohne die Kinder vollends zu vernachlässigen. Wer jetzt allerdings auf ein Patentrezept für gelungene Vereinbarkeit hofft, den muss ich leider enttäuschen. Denn wie gut sie gelingt, hängt von unzähligen, ganz individuellen Faktoren ab. Ich habe mir aber große Mühe gegeben, spannende Ideen und Konzepte zu sammeln, und dafür mit sehr vielen klugen Köpfen gesprochen. Bevor wir zu diesen Anregungen und Impulsen kommen, beginne ich mit einer vielleicht manchmal etwas deprimierenden Bestandsaufnahme und mit der ganz grundsätzlichen Frage:

Wie gut sind eigentlich Familie und Beruf vereinbar?
So schwer kann das doch nicht sein! Das dachte ich jedenfalls, bevor ich Vater wurde. Denn mal ehrlich: Kinderlos ist die Vereinbarkeit von Beruf und Privatleben für die meisten von uns

noch keine große Herausforderung. Viele Paare leben in einer gleichberechtigten Beziehung. Jeder verfolgt seine Karriere, jeder räumt mal die Spülmaschine aus, jeder geht mal einkaufen. Nebenbei bleibt noch genug Zeit für Sport, Hobbys und Freund*innen. Doch nach dem Verlassen des Kreißsaals verändert sich alles. Plötzlich sind wir Eltern, plötzlich verschieben sich unsere Prioritäten. Schlafen und Duschen wird zum Luxus, von Sport oder zeitaufwendigen Hobbys können wir nur träumen. Kinderlose Kontakte und Freuden rücken in den Hintergrund, am liebsten verbringen wir ohnehin Zeit mit der Familie und dem Nachwuchs. In der anfänglichen Babyblase ist auch Vereinbarkeit noch kein größeres Problem. Die Rollen sind ja relativ klar verteilt – einer ist in Elternzeit und kümmert sich um das Kind, und der andere geht halt arbeiten. Trotzdem macht es Sinn, auch schon hier über Vereinbarkeit und eine gleichberechtigte Arbeitsteilung zu sprechen. Einerseits, damit auch die Väter schon früh viel Zeit mit dem Kind verbringen, und andererseits, um eine Schieflage in der Verteilung der Care-Arbeit so früh wie möglich zu verhindern. Mal ehrlich: Kompliziert wird es doch erst, wenn beide an den Arbeitsplatz zurückkehren. Dann müssen wir Familie, Beruf, Freund*innen, Partnerschaft und unsere eigenen Bedürfnisse unter einen Hut bringen, und das mit einem Tag, der »nur« 24 Stunden hat. Wenn wir uns dann schon an eine partnerschaftliche Routine gewöhnt haben, ist es deutlich einfacher. Denn sonst endet es schnell so, wie es Familienministerin Renate Schmidt in einem Interview mit der *Augsburger Allgemeinen* einmal beschrieb: »Ich kann nicht zu 100 Prozent Berufsfrau, zu 100 Prozent Mutter und Hausfrau und zu 100 Prozent Partnerin sein. Das ist nie und nimmer zu schaffen. Denn dann bin ich innerhalb kürzester Zeit ein 300-prozentiges Wrack.«[1] Gleiches gilt natürlich auch für engagierte Väter.

Deshalb lautet meine erste ernüchternde Antwort: Vereinbarkeit ist nicht möglich – jedenfalls nicht, wenn wir alles gleichzeitig wollen und im Alltag nach der vollen Perfektion streben. Doch bevor ihr mein Buch jetzt enttäuscht weglegt: Vereinbarkeit ist nicht unmöglich. Sie kostet aber Kraft, viele Gespräche und den einen oder anderen Bruch mit gesellschaftlichen Konventionen und alten Rollenbildern. Sie erfordert, die eigenen Ansprüche herunterzufahren. Wir können nicht dauerhaft Spitzenmutter des Jahres, beste Hausfrau des Landes und Mitarbeiter*in des Monats sein. Sich von den oft viel zu hohen Erwartungen an uns selbst zu verabschieden, ist gar nicht leicht – gerade für Mütter. Natürlich ist auch das möglich. Zum praktischen Teil komme ich später – an dieser Stelle möchte ich erstmal ein paar Worte zum Status quo sagen. Ja, Vereinbarkeit von Familie und Beruf ist in den letzten zehn Jahren leichter geworden. Ein Beispiel: Seit der Einführung des Elterngeldes 2007 kehren immer mehr Mütter schneller und mit mehr Stunden in den Beruf zurück.[2] Über die Hälfte aller Frauen beginnen inzwischen nach dem ersten Geburtstag des Kindes wieder zu arbeiten. Das ist eine gute Nachricht: Denn damit verliert das traditionelle Ernährermodell, bei dem der Mann in Vollzeit erwerbstätig ist, das Haushaltseinkommen ganz allein sichert und die Frau sich um Familien- und Hausarbeit kümmert, endlich an Bedeutung. In immer mehr Familien müssen oder wollen beide Elternteile arbeiten. Das ist gut für die Rente und für das Konto. Und natürlich bedeutet die Rückkehr ins Berufsleben auch soziale Teilhabe und Selbstverwirklichung. Im besten Fall erhöhen diese gelebten Werte auch die Zufriedenheit. Umso wichtiger wäre es, also einen Weg zu finden, um Familie, Beruf und Partnerschaft gut und angemessen miteinander zu kombinieren. Doch das ist im Alltag leichter gesagt als getan. Natürlich haben Frauen heute mehr berufliche Chancen als noch ihre eigenen Mütter. Ein Mädchen kann heute theoretisch alles werden – von Unternehmenslenkerin über Impfstofferfinderin bis zur Astronautin. Gleichzeitig sind wir in den Sechzigerjahren steckengeblieben. Immer noch tragen die Frauen die Hauptverantwortung für die Familie und übernehmen den Großteil der Care-Arbeit[3] – Einkaufen, Wäsche waschen, kochen, beim kranken Kind bleiben, für Klassenarbeiten lernen oder einen Kuchen für das Kita-Sommerfest zaubern. Dazu kommt der enorme gesellschaftliche Druck auf die moderne Mutter – im Ideal liebende Partnerin mit einem strahlenden Haushalt, im Beruf erfolgreich und mit hochbegabten und gut erzogenen Kindern, die nicht zu streng, sondern auf Augenhöhe erzogen werden.

Das Problem: Egal was die Mutter tut, sie macht es falsch. Bleibt sie zu Hause, ist sie die rückständige Hausfrau. Geht sie in Vollzeit arbeiten, ist sie karrieregeil und eine Rabenmutter. Hat sie einen Teilzeit-Job, kümmert sich um Haushalt und Kinder, will sie eine perfekte Ehefrau sein, dann ist sie bald ausgebrannt.

Eine sehr schmerzliche Erkenntnis während der Recherche für dieses Buch war für mich, dass Vereinbarkeit nicht nur an strukturellen Rahmenbedingungen beispielsweise auf dem Arbeitsmarkt scheitert, sondern in den meisten Fällen an mangelnder Gleichberechtigung in der Familie und am Arbeitsplatz. Jennifer Yohannes, Geschäftsführerin der Kartenmacherei, hat im Interview mit dem Frauenkarriere-Portal hercareer.de dazu etwas sehr Kluges gesagt: »Das Problem für die eine Hälfte der arbeitenden Eltern (Mütter) entsteht nur deshalb, weil man der anderen Hälfte der arbeitenden Eltern (Väter) ihren Eltern-Status im Arbeitsleben so gut wie nie anmerkt.« Wenn alle Eltern gleichermaßen involviert wären, gäbe es keine Diskriminierung von Müttern mehr (und generell Frauen als potenziellen Müttern), und Arbeitgeber*innen wären viel stärker gezwungen, sich auf die Bedürfnisse von Familien einzustellen.[4]

Doch was ist die Konsequenz, was der Ausweg? Wir Eltern brauchen dringend mehr Mut, um neue Wege zu gehen. So muss es zum Beispiel mehr Männer geben, die im Leben ihrer Kinder eine präsente Rolle übernehmen, die den Haushalt schmeißen, ihrer Frau den Rücken freihalten und auch in Teilzeit arbeiten, für die Familie. Natürlich will ich an dieser Stelle die Schuld an fehlender Vereinbarkeit nicht vollständig in die Schuhe von uns Männern schieben, auch wenn unser Anteil an dem Problem ziemlich groß ist – in Politik und Wirtschaft und als Väter, die nicht bereit sind, für ihre Familie im Beruf kürzerzutreten. Gleichzeitig gibt es genug Väter, die unter diesem Ideal des hart arbeitenden und die Familie versorgenden Mannes leiden, aber sich vielleicht nicht trauen, ganz mit gesellschaftlichen Konventionen zu brechen. Auch viele Frauen fühlen sich immer noch kompetenter in Sachen Haushalt und Kindererziehung als ihre Partner. Und während die Mütter dem Ideal der Super-Mama nacheifern, gehen wir Männer immer noch selbstverständlich davon aus, dass wir die Familie ernähren müssen und die Partnerin schon voll in der Mutterrolle aufgehen wird.

So wundert es kaum, dass auch viele Unternehmen immer noch glauben, dass Männer eine Sechzig-Stunden-Woche schieben und gleichzeitig aktive Väter sein können. Wenn der Vater um 15 Uhr das Büro verlässt, um bei seinem Kind zu sein, wird das nicht unbedingt wertgeschätzt, sondern viel zu oft belächelt. Das kann natürlich keine Generalentschuldigung sein. Wer wirklich für seine Familie da sein will, steht auch über dem vermeintlichen Spott der Kolleg*innen oder wechselt – in Zeiten des Fachkräftemangels – die Abteilung oder sogar das Unternehmen. Auf dem Weg zu mehr Normalität und Vereinbarkeit brauchen wir aber nicht nur mutige Vorreiter, sondern nicht weniger als einen Kulturwandel in der Arbeitswelt abseits von Dauer-Präsenz und Vierzig-Stunden-Woche. Es braucht eine bewusste Karriereförderung für Mütter und männliche Führungskräfte, die auch mit dem kranken Kind zu Hause bleiben und selbst dreißig Stunden arbeiten. Meetings sollten vor 15 Uhr stattfinden, damit es keine Konflikte zwischen Kita-Abholzeit und Kollegenaustausch mehr gibt. Flexiblere Arbeitsmodelle lassen mehr Spielraum zwischen Homeoffice und Büro-Präsenz. Vielleicht ist irgendwann eine Dreißig-Stunden-Teilzeit die neue Vollzeitarbeit, fachlich attraktiv, für die Karriere keine Sackgasse und so gut bezahlt, dass davon der Lebensunterhalt bestritten werden kann.

Das Problem: Abseits von wirklich tollen und engagierten Führungskräften und Unternehmen fehlt es in viel zu vielen Betrieben an dem Willen zum Wandel. Die Folge: Wer als Arbeitnehmer*in heute in Gleichberechtigung leben und damit eine wichtige Voraussetzung für mehr Vereinbarkeit schaffen möchte, muss dafür einen anstrengenden und langen Weg gehen und bekommt nicht selten noch Steine in denselbigen gelegt. Nicht nur vom Arbeitgeber oder gesellschaftlichen Konventionen, sondern auch von der Politik. Nehmen wir die staatlichen Anreize für eine traditionelle Rollenverteilung. Das Ehegattensplitting zum Beispiel bestraft Eltern, die ähnlich viel arbeiten und verdienen. Eine kurze Erklärung: Bei Ehegatten – egal ob mit oder ohne Kinder – werden beide Einkommen addiert und dann durch zwei geteilt. Für Männer, die häufig mehr verdienen als ihre Partnerin, bedeutet das oft einen geringeren Steuersatz, für Frauen dagegen eine höhere Steuerbelastung.[5] Sie überlegen sich also zweimal, ob sie jetzt mehr verdienen und eigentlich eher für den Staat arbeiten als für die eigene Familie. Dazu kommt, dass das Ehegattensplitting Alleinerziehende und Verwitwete durch höhere Steuersätze benachteiligt. Die beitragsfreie Mitversicherung macht es zusätzlich unattraktiv, etwas anderes als das Zuverdiener- oder Alleinernährermodell zu wählen. Doch das ist aus vielen Gründen nicht mehr zeitgemäß. An dieser Stelle möchte ich nur zwei nennen: Die Frauen von heute sind so gut ausgebildet wie niemals zuvor. Dieses Potenzial in Zeiten des massiven Fachkräftemangels ungenutzt zu lassen, ist grob fahrlässig und gefährlich für unseren Wirtschaftsstandort. Dazu kommt, dass es für Frauen riskant ist, sich bei der Altersvorsorge nur auf den Mann zu verlassen – verstirbt der Partner früh oder geht die Ehe in die Brüche, wird das Geld knapp. Umso wichtiger ist es, das eigene Glück in die Hand zu nehmen und selbst vorzusorgen. Und das geht am besten in Gleichberechtigung, und zwar auf allen Ebenen – Beruf, Kinderbetreuung, Familienleben und Care-Arbeit. Tatsächlich wächst der Wunsch danach. So wollen laut einer Deutschland-Studie des ZDF zwei Drittel aller Männer mehr Väter-Zeit.[6] Auch die Karriere bewerten nur drei Prozent der Befragten als besonders wichtig, für 56 Prozent kommt die Familie an erster Stelle. Das Problem: Nur wenige Väter trauen sich, die Ernährerrolle abzustreifen. Lediglich vier von zehn Vätern nehmen überhaupt Elternzeit, und wenn, dann kaum mehr als zwei Monate. Ganze sechs Prozent aller Väter mit kleinen Kindern arbeiten in Teilzeit, unter Frauen liegt der Anteil dagegen bei 69 Prozent.[7]

Was hindert die jungen Familien daran, mehr Gleichberechtigung zu wagen und damit die Vereinbarkeit von Familie und Beruf zu erleichtern?

Ein wichtiger Grund ist sicher das Geld. Neben dem Ehegattensplitting gibt es noch den leidigen Gender Pay Gap. Männer verdienen immer noch oft deutlich mehr als ihre Frauen. Gleichberechtigung muss man sich also leisten können und wollen. Umso wichtiger ist es, auch als Mann gegen den Gender Pay Gap anzukämpfen, für unsere Partnerinnen und für unsere eigene Wahlfreiheit. Wenn wir Väter nicht mehr in die Ernährer-Rolle gedrängt werden wollen, müssen die Frauen mehr Geld verdienen. Ganz einfach. Natürlich sind nicht nur das liebe Geld und falsche Anreize schuld. Doch es geht auch anders, wie der Blick zu den europäischen Nachbarn zeigt. Gerade Länder wie Schweden oder Frankreich scheinen uns in Sachen Kinderbetreuung oder staatlich geförderte Gleichberechtigung meilenweit voraus zu sein. Vielleicht hat man hier schon länger erkannt, dass eine familienfreundliche Politik nicht nur den Eltern und den Kindern hilft, sondern auch die Geburtenrate erhöht und die Wirtschaft stärkt. Dementsprechend ist es auch kaum verwunderlich, dass auch die deutsche Bundesregierung in den letzten Jahren einige gute Schritte in die richtige Richtung getan hat – Stichwort: Elterngeld und Ausbau der Kita-Plätze. Seit dem 1. August 2013 besteht ein Rechtsanspruch auf einen Betreuungsplatz für alle Kinder über einem Jahr – entweder in einer Kindertagesstätte oder in der Kindertagespflege.[8] Das Problem: Laut Institut der Deutschen Wirtschaft fehlten 2020 knapp 342.000 Krippenplätze in Deutschland.[9] Dazu kommt ein großer Erzieher*innen-Mangel und eine fehlende Ausstattung der Kindertagesstätten. Gleiches gilt für Ganztagsschulen. Ab 2025 sollen Eltern einen Rechtsanspruch auf Ganztagsbetreuung für Grundschulkinder bekommen.[10] Bisher gab es diesen Anspruch nur vom ersten Lebensjahr bis zur Einschulung. Auf den ersten Blick ein längst überfälliger Schritt und eine große Entlastung für alle berufstätigen Eltern. Schließlich endet an vielen Schulen schon am Nachmittag der Unterricht, und die Kinder kommen wieder nach Hause. Doch auch hier braucht es große Investitionen in die Infrastruktur der

Schulen und in pädagogisches Personal für die Ganztagsbetreuung. Es ist also kein Geheimnis, wenn wir feststellen, dass ein Mangel an guten Kinderbetreuungsplätzen ein wichtiges Erwerbshindernis ist – vor allem für Frauen und Alleinerziehende.

Bessere Kinderbetreuung ist natürlich nur eine von vielen Möglichkeiten der Politik, um uns die Vereinbarkeit von Beruf und Familie zu erleichtern. Sie muss auch endlich damit beginnen, eine moderne Rollenverteilung zwischen Mann und Frau zu fördern – durch die Abschaffung des Ehegattensplittings, durch stärkere Begünstigung von Familien und gleichberechtigt arbeitenden Paaren und mit mehr Anreizen für längere Elternzeit von Vätern.

Doch genug der Klage: Ich werde mit diesem Buch kaum die Wirtschaft und Politik aufrütteln und große Veränderungen hin zu mehr Familienfreundlichkeit anstoßen. Das ist auch gar nicht mein Ziel. Ich möchte dazu anregen, selbst Lösungen für den Familienalltag und nach Modellen zu suchen, die zu eurem Alltag mit Kind passen. Wir Eltern sind dann am glücklichsten, wenn wir das Leben führen können, das wir uns wünschen. Wenn also jene Mütter und Väter, die viel arbeiten wollen, auch entsprechende Jobs finden, und die anderen, die lieber zu Hause bei den Kindern bleiben, das tun können, wäre schon viel getan. Jede Familie muss ihren eigenen Weg finden, und genau dabei möchte ich mit meinem Buch helfen. Besonders gut gestalten lassen sich Vereinbarkeit und die Suche nach dem passenden Familienmodell übrigens an Übergängen – vom Paar zum Elternpaar oder vom Familienmodus zur »richtigen« Vereinbarkeits-Challenge mit zwei arbeitenden Partnern. Genau deshalb widmet sich mein erstes Kapitel einer gemeinsamen Familienvision. Am besten schon in der Schwangerschaft entwickelt, wird sie im besten Fall zu einer Art Orientierung für euer Leben mit Kindern. Natürlich ist diese Vision nicht starr wie ein Korsett, sondern muss jeden Tag ein bisschen angepasst werden – schließlich ist das Leben als Eltern alles andere als plan- oder gar berechenbar.

Vereinbarkeit braucht Vorbereitung

Warum wir eine Familienvision haben sollten

Während das Baby im Bauch heranwächst, gibt es für uns als werdende Eltern viel zu tun. Gerade beim ersten Kind, wenn auf dem Dachboden und im Keller noch nicht kistenweise Kleidung und Spielzeug der älteren Geschwister lagern, verbringen wir viel Zeit in Babyfachgeschäften und mit Internetrecherche: Strampler kaufen, das Kinderzimmer einrichten, den richtigen Kinderwagen auswählen, Geburtsvorbereitungskurs besuchen, die Wohnung kindersicher machen, die Anträge für Elternzeit und Elterngeld verstehen und dann auch noch korrekt stellen und irgendwann die Kliniktasche packen.

Inmitten dieser emotional aufregenden Phase innezuhalten, uns zu fragen, wie wir uns eigentlich Elternsein vorstellen und wie wir unser neues Leben und unsere neuen Aufgaben mit Baby gestalten wollen, ist zugegeben ziemlich schwer. Einerseits, weil wir so viele andere Dinge im Kopf haben (müssen), andererseits, weil wir uns das Leben mit Kind nur schemenhaft vorstellen können. Trotzdem lautet mein Appell: Nehmt euch bitte Zeit für die Entwicklung einer eigenen Familienvision – alleine und als Paar, gerne schon in der Schwangerschaft, vielleicht sogar bereits bei den ersten Gesprächen über einen gemeinsamen oder weiteren Kinderwunsch. Dieser Ratschlag stammt natürlich nicht allein von mir. Bei der Recherche für dieses Buch stieß ich an ganz vielen Stellen auf die Idee einer *Familienvision* – wenn auch oft unter anderem Namen. Besonders die Gespräche mit Hanna Drechsler, Coachin für Frauen und Mütter, und Work-&-Family-Coachin Stephanie Poggemöller haben mich dazu inspiriert, diesen Ansatz mit aufzunehmen. Doch warum sollten wir gleich eine ganze Familienvision entwickeln, reicht nicht ein kurzes Gespräch? Das mag sich der eine oder die andere von euch nun fragen. Immerhin ist die Zeit mit Baby ohnehin erstens anders und zweitens als man denkt. Das stimmt. Den Austausch über die Frage, wie ihr als Familie leben wollt, könnt ihr trotzdem mit gutem Gewissen als sinnvolle Investition in die Paarbeziehung verbuchen. Wie zufrieden ihr als Familie seid, hat natürlich auch Auswirkungen auf euch als Paar und auf euer persönliches Wohlbefinden. Ohne diesen Austausch über eure Ideen, Vorstellungen und Wünsche droht schnell die Ernüchterung. An dieser Stelle möchte ich etwas aus meinem eigenen Elternzeit-Nähkästchen plaudern: Viele Mütter im Baby-Kurs beklagten sich darüber, dass ihre Männer sich zu wenig engagierten und doch nicht so präsente und aktive Papas waren, wie es einer neuen Väter-Generation gemeinhin nachgesagt wird. Die Männer hingegen berichteten beim einzigen »Papa-Termin« im Kurs über den Druck, nun eine Familie ernähren zu müssen, und von ihrer Überforderung, die Zeit mit dem Baby sinnvoll zu gestalten. Ein wunderbarer, wirklich so gesagter Satz von einem Teilnehmer: »Ich bin gewöhnt, als Unternehmensberater meine Stakeholder zu orchestrieren. Bei meiner Tochter stoße ich aber regelmäßig an meine Grenze.« Mal ganz abgesehen davon, dass sich Babys schlecht orchestrieren lassen, geht aus diesen Äußerungen vor allem eins hervor: Offenbar sprachen alle gerne übereinander, aber als Paar und Eltern viel zu wenig miteinander. Stattdessen wuchs der Frust – jedenfalls den von mir interessiert verfolgten Chat-Verläufen der Whatsapp-Mama-Gruppe nach zu urteilen. Die gute Nachricht: Alle Beziehungen halten bis heute, einige kleine Brüder und Schwestern kamen dazu. Trotzdem ließen sich mit einer Verständigung über eine klare Familienvision viele Konflikte der ersten Baby-Monate vermeiden oder wenigstens abschwächen – denn Meinungsverschiedenheiten über die elterliche Arbeitsteilung aus dem Weg zu räumen, ist mit kleinem Baby an der Brust, völlig übermüdet und inmitten der Herausforderungen der ersten Wochen und Monate deutlich schwieriger als noch in der Schwangerschaft oder der Zeit davor.

Und vielleicht noch wichtiger: Wenn ihr euch früh mit den eigenen Vorstellungen über das Vater- oder Muttersein auseinandersetzt, verhindert ihr, dass einer von euch sich durch eine zu schnelle und ungefragte Rollenverteilung übergangen fühlt. Vielleicht willst du als Mutter gar nicht zwei Jahre lang in Elternzeit gehen, sondern dich lieber beruflich weiterentwickeln. Vielleicht nervt es dich als Vater, dass du beim ersten Kind zu viel verpasst hast, und möchtest nun mehr Zeit mit dem Baby verbringen. Um solche Wünsche und Vorstellungen frühzeitig herauszufinden und abzugleichen, solltet ihr euch als Paar unbedingt darüber austauschen, wie ihr euch das zukünftige Familienleben vorstellt. Ganz wichtig ist es dabei, sich von den Erwartungen der Gesellschaft oder des näheren Umfelds loszusagen. Ihr müsst ein Modell finden, mit dem ihr euch wohlfühlt und das zu eurem Leben passt, und ihr müsst bereit sein, dieses Modell immer wieder anzupassen – ob es zeitweise eher klassisch oder ganz ungewöhnlich ausfällt, ist völlig egal, solange ihr euch als

Paar bewusst dafür entscheidet und bereit seid, immer wieder nachzujustieren. Einfach die Rollen Ernährer und Vollzeit-Mutter für die ersten drei oder mehr Lebensjahre zu übernehmen, weil es alle so machen, erscheint mir falsch. Natürlich sind alle gemeinsamen Entscheidungen über ein neues Familien- oder Betreuungsmodell alles andere als endgültig – wenn ihr regelmäßig im Gespräch bleibt und immer wieder hinterfragt, ob die getroffenen Vereinbarungen noch zum Familienalltag passen, ist Nachjustieren ohne größere Probleme möglich, ja vielleicht sogar immer wieder nötig. Doch nun genug der Theorie – wie entwickelt ihr eigentlich eine Familienvision?

Ich als Mutter, ich als Vater

Im ersten Schritt solltest du für dich selbst eine Vorstellung über deine zukünftige Rolle als Mutter oder Vater entwickeln. Dabei ist es ganz egal, ob das dein erstes Kind ist oder nicht. Deine Rolle wird sich in beiden Fällen verändern. Nimm dir dafür ruhig ein paar Stunden Zeit – mit Stift und Papier, einem Kaffee oder Tee, ganz ohne Ablenkung. Musik ist erlaubt, aber kein Smartphone oder Fernseher. Gerne kannst du dich natürlich auch mit Freunden oder Bekannten besprechen, die du für dich als Role Models wahrnimmst – vielleicht kennst du einen Vater, der lange in Elternzeit war, oder eine Mutter, die früh an den Arbeitsplatz zurückgekehrt ist, oder junge Eltern aus deinem Umfeld, die ein interessantes Familienmodell leben. Mir persönlich haben Bücher oder Zeitschriften-Artikel über das Vatersein sehr geholfen. Besonders das Bild der neuen Väter – engagiert, mit Kind in der

Babytrage – gefiel mir gut. Mit dieser Art von Vaterschaft konnte ich mich identifizieren. Daran hat sich übrigens bis heute wenig geändert.

Meine erste Frage für dich wäre also: **Welches Bild von mir als Vater oder Mutter habe ich selbst?**

Denk dabei ruhig in Bildern oder Situationen, gerne weit in der Zukunft. Auch der Blick auf die eigene Kindheit und die Rollenverteilung in deinem Elternhaus kann in diesem Zusammenhang sinnvoll sein. Immerhin beeinflusst unsere soziale Prägung sehr stark, in welchen Rollenbildern wir als Eltern denken und oft auch leben. Die meisten jungen, modernen Eltern kommen aus Elternhäusern mit traditioneller Aufteilung. Also macht es Sinn, sich außerdem zu fragen: **Was hat mir bei meinen Eltern gefallen, was möchte ich anders machen?**

Natürlich solltest du dir auch konkrete Fragen stellen:
- Wie lange möchte ich in Elternzeit gehen?
- Wie viel Zeit möchte ich im Alltag mit der Familie verbringen? Reicht es für mich aus, am Abend und am Wochenende da zu sein, oder möchte ich noch an mehreren Nachmittagen unter der Woche präsent sein?
- Wie viel Zeit möchte ich in meinen Beruf investieren? Welche beruflichen Ziele habe ich für die nächsten Jahre?
- Wie wichtig sind mir Hobbys? Gibt es Dinge, die ich auch mit Kind weiterverfolgen möchte, oder bin ich bereit, bestimmte Hobbys für die Familie aufzugeben?
- Wie schaffe ich mir Auszeiten für mich selbst?
- Welche Rolle sollen die eigenen Eltern bei der Betreuung und Familienunterstützung spielen?

- Ab wann soll unser Kind in die Betreuung gehen?
- Wie stelle ich mir langfristig unser Familienmodell vor?

Natürlich lassen sich nicht all diese Fragen exakt beantworten. Darum geht es auch gar nicht, sondern eher um ein Nachdenken über die Zukunft. Die meisten werdenden Eltern machen genau das viel zu selten und viel zu wenig. Sie wählen den einfachsten statt den eigenen Weg. Das ist eine verpasste Chance. Und ja, aus eigener Erfahrung kann ich sagen, dass der eigene Weg anstrengender und komplizierter sein kann, etwa wenn sich beide Eltern darauf einigen, auf Dauer die Arbeitszeit zu reduzieren und sich die Care-Arbeit aufzuteilen. Aber das Ergebnis ist am Ende alle Mühen wert.

Das gemeinsame Gespräch

Wenn du nun eine Vorstellung über die eigene Mutter- oder Vater-Rolle im Kopf hast, kannst du in den Austausch mit deinem Partner beziehungsweise deiner Partnerin gehen. Für dieses Gespräch solltet ihr euch mindestens genauso viel Zeit nehmen wie für das eigene Nachdenken. Wie die folgende Liste mit möglichen Fragen zeigt, braucht die Entwicklung einer Familienvision und damit auch das Abgleichen der eigenen Vorstellungen Zeit. Deshalb macht es Sinn, sich schon in der Schwangerschaft regelmäßig zusammenzusetzen und über die Fragen zu sprechen – vielleicht auch mit kleineren Denk-Hausaufgaben füreinander. Wahrscheinlich stellt ihr dabei hin und wieder fest, dass eure Vorstellungen nicht ganz deckungsgleich sind. Das ist völlig in

Ordnung, Kontroversen bieten sogar Chancen. Immerhin könnt ihr nun Dinge aushandeln und Zuständigkeiten klären, noch bevor sie zu einem handfesten Konflikt werden. Schlägt erst der babybedingte Schlafmangel zu, fällt es deutlich schwerer, einen klaren Gedanken zu fassen, und eure Laune gleicht vermutlich oft eher einem Pulverfass. Solltet ihr auf Differenzen stoßen, ist es wichtig, einerseits wertschätzend und offen zu bleiben – Vorwürfe sind immer Kommunikationssperren –, und andererseits nicht auf einen schnellen Kompromiss zu drängen. Lasst euch ruhig Bedenkzeit zwischen den Gesprächen und überlegt zunächst für euch selbst, wie eine mögliche Lösung aussehen kann. Mit dieser Idee könnt ihr dann wieder in den Austausch gehen und gemeinsam nach neuen Wegen suchen. Auch in dieser Phase macht es durchaus Sinn, sich Rat von außen zu holen. Damit meine ich nicht unbedingt gleich teure Coaches oder Eltern-Seminare, sondern Gespräche mit Menschen, die schon in der Baby- und Kleinkindzeit drinstecken oder diese Lebensphase hinter sich haben. Eine tolle Möglichkeit sind auch Podcasts – es gibt inzwischen unzählige davon, in denen auch über Familienmodelle gesprochen wird. All diese Antworten auf die Frage »Wie macht ihr das eigentlich?« können für eure Familienvision sehr aufschlussreich sein. Nun kommen wir endlich zu den versprochenen Fragen **für gemeinsame Gespräche:**

Grundsätzliche Familienrollen

- Wie wollen wir unsere Rolle als Mutter und Vater leben?
- Wie präsent wollen wir beide sein?
- Möchte ich ein aktiver Vater sein, meine Arbeitszeit wenigstens kurzfristig reduzieren und so eine wichtige Rolle im Alltag des Kindes spielen?
- Möchte ich als Mutter bewusst viel Zeit mit dem Kind verbrin-

gen und kann mir auch eine längere Auszeit vom Beruf vorstellen? Oder möchte ich zeitnah wieder arbeiten?
- Welche Momente in meiner Kindheit empfand ich als besonders schön und würde sie gerne auch mit meinen Kindern erleben? Und welche Dinge möchte ich ganz anders machen als meine Eltern?

Kleine Anmerkung: Daraus müssen nicht unbedingt konkrete Planungen entstehen, aber der Austausch darüber kann sehr schön sein, um sich gegenseitig besser zu verstehen.

Erste Zeit mit Baby/Wochenbett
- Wie stellt ihr euch die Geburt vor? Soll euer Kind im Geburtshaus, zu Hause oder doch im Kreißsaal zur Welt kommen?
- Wie organisiert ihr die Zeit im Wochenbett?
- Bleibst du als Papa zu Hause und wenn ja, wie lange?
- Wer kann euch in den ersten Wochen unterstützen – beim Einkaufen, Kochen, Putzen oder bei der Betreuung der größeren Geschwister?
- Erlauben wir Besuch? Ab wann? Wer sollte kommen? Wer nicht?

Elternzeit
- Wie lange gehen wir in Elternzeit und wie teilen wir sie auf?
- Gehen wir gleichzeitig oder nacheinander in Elternzeit?
- Wie nutzen wir die gemeinsame Elternzeit – gemeinsame Reisen oder Alltag finden?
- Wie geht es nach der Elternzeit weiter?

Lebensgestaltung nach der Elternzeit

- In welcher Aufteilung gehen wir arbeiten? Arbeiten wir beide in Vollzeit, reduzieren wir unsere Stunden etwas oder geht einer eher in Teilzeit und der andere arbeitet in Vollzeit weiter?
- Wie teilen wir Haushalt und Kinderbetreuung auf?
- Wie stellen wir uns die Betreuung der Kinder vor? Bekommen wir Unterstützung von Großeltern, einem Au-pair oder einer Babysitterin? Ab wann soll unser Kind in die Kita oder zu einer Tagesmutter / einem Tagesvater gehen?
- Wie gestalten wir den Alltag mit Kind? Wer übernimmt welche Care-Aufgaben? Wer bringt das Kind in die Kita, wer holt es ab, wer übernimmt die Gute-Nacht-Geschichte, wer geht zum Kinderturnen oder Schwimmkurs?
- Wie wollen wir uns die Hausarbeit aufteilen?

Wir und ich in der Paarbeziehung

- Wie viel Zeit nehmen wir uns als Paar?
- Welchen Aktivitäten aus kinderlosen Tagen wollen wir auch weiterhin nachgehen?
- Brauchen wir feste Rituale für uns – wie zum Beispiel einen monatlichen Paarabend?
- Wie schaffen wir uns Auszeiten vom Alltag (gemeinsam und einzeln)?
- Woher könnte Unterstützung für die Auszeiten kommen?

Rückkehr in den Beruf

- Ab wann wollen wir wieder arbeiten?
- Welche Arbeitsmodelle schweben uns vor?
- Wie teilen wir uns die gemeinsame Arbeitszeit auf?

- Wie viel Geld möchte/muss jeder von uns verdienen?
- Kann ich in meinen alten Beruf zurückkehren?
- Möchte ich nach der Elternzeit etwas ganz Neues anfangen: Vielleicht eine neue Ausbildung beginnen, nochmal studieren oder das Unternehmen wechseln?

Finanzen
- Wie viel Geld brauchen wir als Familie zum Leben?
- Wie viel Geld haben wir während der Elternzeit zur Verfügung? Wie viel Eltern- und Kindergeld bekommen wir, wie hoch ist das neue Familieneinkommen?
- Wie viel Geld brauchen wir nach Ende der Elternzeit? Hier macht es Sinn, die eigenen Ansprüche an den Lebensstandard zu prüfen. Wollen wir viel verreisen, brauchen wir zwei Autos und wo wollen wir wohnen?

Langfristige Perspektive: Ihr solltet all diese Fragen nicht nur für die ersten Monate beantworten, sondern auch für die Zeit in einem, drei oder zwanzig Jahren – wenn auch nur hypothetisch.

Wie stellen wir uns langfristig das Leben mit Kindern vor?
- Wie viele Kinder wollen wir haben?
- Wo wollen wir leben – Altbau in der Großstadt oder lieber Haus auf dem Land?
- Wie wollen wir unseren Alltag zwischen Kindern, Familienleben und Beruf organisieren?
- Ist uns Eigentum wichtiger oder gehen wir lieber viel auf Reisen?
- Sollen die Großeltern in der Nähe leben oder suchen wir nach alternativen Wohnformen?

Natürlich soll und kann es hier nur um Visionen gehen und nicht um Entscheidungen für die Ewigkeit. Familienleben ist schließlich dynamisch und befindet sich ständig im Wandel. Setzt euch deshalb ruhig in regelmäßigen Abständen zusammen und beratet, ob sich die aktuelle Situation noch richtig anfühlt, was gut läuft und wo es Verbesserungsbedarf gibt. Schließlich ist Vereinbarkeit auch ein ständiges Anpassen und ein fließender Prozess. Auch wenn eine Familienvision sehr fern klingen mag, trefft ihr in dieser Zeit auch echte und konkrete Entscheidungen – zum Beispiel über die Aufteilung der Elternzeit.

Was ist eigentlich Elternzeit?

Eine Entscheidung, die ihr wirklich schon vor der Geburt treffen müsst, ist die Aufteilung der Elternzeit. Die Anträge für Elternzeit und Elterngeld gebt ihr nämlich ab, lange bevor ihr im Kreißsaal steht. Euch stehen pro Kind jeweils drei Jahre Elternzeit zu. Diese Zeit könnt ihr nutzen, um euer Kind selbst zu betreuen. Dafür muss euch der Arbeitgeber ganz freistellen, ihr könnt aber auch bis zu 32 Stunden pro Woche arbeiten. Die Elternzeit ist unabhängig vom Elterngeld. Sie kann also auch ohne Lohnersatz in Anspruch genommen werden – sowohl am Stück als auch in zwei oder drei Zeitabschnitten. Das ist für 24 Monate sogar bis zum achten Lebensjahr möglich – zum Beispiel, um die Einschulung und das erste Schuljahr zu begleiten. Während der Elternzeit besteht Kündigungsschutz und ein Anspruch auf Bewilligung durch den Arbeitgeber. Elternzeit muss sieben Wochen im Voraus beantragt werden, bei Kindern unter drei Jahren zwölf Wochen.

Was ist eigentlich Elterngeld?

Elterngeld oder auch Basiselterngeld bekommt ihr grundsätzlich zwölf Monate lang, wenn ihr nach der Geburt eine berufliche Auszeit nehmt. Zwei zusätzliche Monate, die sogenannten Vätermonate, kommen hinzu, wenn auch der Partner in Elternzeit geht. Mütter und Väter mit höheren Einkommen erhalten bis 65 Prozent ihres Nettoeinkommens in den zwölf Monaten vor der Geburt – maximal 1.800 Euro –, Eltern mit niedrigeren Einkommen bis zu 100 Prozent des bisherigen Nettoeinkommens. Selbstständige müssen ihren Steuerbescheid oder eine Bilanzrechnung des letzten Jahres vor der Geburt einreichen. Der Mindestbeitrag sind 300 Euro. Nur Spitzenverdiener*innen mit einem Familieneinkommen von 300 000 Euro bekommen kein Elterngeld. Ein Blick in die Statistik: Väter bekommen im Durchschnitt rund 1300 Euro ausbezahlt, Mütter etwas mehr als 700 Euro.[11]

Was ist eigentlich ElterngeldPlus?

ElterngeldPlus könnt ihr doppelt so lange beziehen wie das gewöhnliche Elterngeld. Die Summe bleibt allerdings die gleiche, der monatliche Betrag ist also auch nur halb so hoch. Besonders attraktiv ist dieses Modell für Eltern, die in Teilzeit arbeiten und gleichzeitig viel Zeit mit dem Kind verbringen wollen. Wenn ihr als Paar sogar gleichzeitig in Teilzeit (mindestens 24 und höchstens 32 Stunden) arbeitet und euch partnerschaftlich um euren Nachwuchs kümmert, bekommt ihr vier zusätzliche Monate ElterngeldPlus geschenkt.

> **Empfehlung:** Das Bundesministerium für Familie, Senioren, Frauen und Jugend hat eine sehr informative Broschüre zu Elterngeld, ElterngeldPlus und Elternzeit herausgegeben. Ihr könnt sie kostenlos auf der Website des Ministeriums bestellen oder herunterladen: www.bmfsfj.de/bmfsfj/service/publikationen/elterngeld--elterngeldplus-und-elternzeit-/73770

Wie ist es, sich die Elternzeit zu teilen?

Elternzeit und Elterngeld können beide Eltern nehmen, soweit die Theorie. Die Praxis sieht (leider) etwas anders aus. Im Moment gehen vor allem die Frauen lange in Elternzeit – 90 Prozent setzen ihre Berufstätigkeit fürs Kind aus. Dagegen geht nur jeder dritte Vater in Elternzeit und das meistens auch nur für eine zwei- bis drei-monatige Stippvisite am Wickeltisch.[12] Als Hauptargumente gegen eine längere Elternzeit nennen Väter laut einer Studie des Deutschen Instituts für Wirtschaftsforschung[13] finanzielle Gründe, den Wunsch der Partnerin, länger beim Kind zu bleiben, und die Angst vor Karrierenachteilen.[14] Wie berechtigt oder unberechtigt diese Sorgen und Argumente wirklich sind, muss vermutlich jeder Vater, jede Familie selbst entscheiden. Ich persönlich halte nicht genommene Elternzeit für eine verpasste Chance für uns Väter. Deshalb möchte ich an dieser Stelle eindringlich für mehr gleichberechtigte Elternzeit werben.

Wie das mit der gleichberechtigten Elternzeit geht, erzählen Sven und Mirja. Die Grundschullehrerin und der IT-Experte haben sich ihre Elternzeit aufgeteilt. Mirja kehrte nach sieben Monate in die Schule zurück, erstmal in halber Stundenzahl. Vater Sven blieb insgesamt elf Monate zu Hause und übernahm auch die Eingewöhnung in die Kita.

Warum habt ihr euch entschieden, die Elternzeit aufzuteilen?
Sven: Ich wollte meinen Sohn genauso gut ins Bett bringen oder trösten können wie meine Frau. In unserem Umfeld haben wir einige Eltern, bei denen die Kinder sehr auf die Mutter fixiert sind. Das war für mich immer eher abschreckend. Ich wollte deshalb vom ersten Tag an ein präsenter Vater sein und mehr als nur zwei Monate in Elternzeit gehen. Dazu kommt, dass wir schon vor der Geburt unseres Sohnes in einer gleichberechtigten Beziehung lebten. Im Haushalt hat jeder seine Aufgaben, auch verdienen wir ähnlich gut. Das bestärkte uns zusätzlich darin, auch die Elternzeit gerecht aufzuteilen. Und ich persönlich habe die Elternzeit als eine tolle Chance für eine Auszeit gesehen. Wann kann man schon sonst für eine längere Zeit aus dem Job aussteigen – bezahlt und mit beruflicher Absicherung? Heute weiß ich natürlich, dass die »Auszeit« mit Baby viel anstrengender sein kann als das Büro-Leben. Aber ich habe die Entscheidung zu elf Monaten Elternzeit trotzdem nie bereut.
Mirja: Es gab aber »Inspiration« von außen. Meine große Schwester und ihr Mann waren auch gleich lang in Elternzeit und arbei-

ten nun beide in »reduzierter« Vollzeit. Dieses Modell gefiel uns schon in kinderlosen Tagen sehr gut. Dazu kam, dass die klassische Rollenverteilung der eigenen Eltern – Vater Alleinverdiener, Mutter Hausfrau und Familienmanagerin – eher abschreckend auf uns beide wirkte. Deshalb haben wir uns auch entschieden, nicht gemeinsam in Elternzeit zu bleiben, sondern die Rollen vollends zu tauschen. So kehrte Sven nach dem Wochenbett zurück an den Arbeitsplatz. Ich blieb zu Hause. Nach sieben Monaten und fünf Wochen Überschneidung durch Urlaub und Winterferien kehrte ich zurück in die Schule, allerdings nur mit der Hälfte der Stundenanzahl.

Sven: Das stimmt, ohne das Vorbild aus dem engsten Familienkreis wären wir vielleicht auch in klassische Rollen gerutscht. Das Bild »Ein Kind braucht im ersten Jahr seine Mama« ist doch gesellschaftlich sehr anerkannt und schreckt wahrscheinlich einige Paare ab, in gleichen Teilen in Elternzeit zu gehen.

Welche Reaktionen gab es auf eure Entscheidung?

Mirja: In unserem Umfeld gab es schon einiges Unverständnis und »Ich könnte das ja nicht«-Sprüche. Auch mein Schulleiter kam am ersten Tag zu mir und sagte: »Ah, die Rabenmutter.« Natürlich mit einem Grinsen im Gesicht, trotzdem war ein Fünkchen Ernst schon dabei. Gleichzeitig kamen auch ältere Kolleginnen zu mir und sagten, dass sie sich solche Modelle und moderne Männer auch für ihre Zeit gewünscht hätten.

Sven: Bei mir gab es auch ähnliche Reaktionen. Zum Beispiel fragte mich der Personalverantwortliche nach der Anmeldung des ersten Monats Elternzeit direkt nach der Geburt, wann ich denn den zweiten Monat nehmen möchte. Auch bei den Kolleg*innen gab es gemischte Reaktionen. Und mein Kunde erklärte mir sogar, dass ich als Mann doch gar nicht physiologisch in der Lage sei, so lange in Elternzeit zu gehen. Diese Haltung hat mich schon schockiert.

Mirja: Das stimmt. Dabei war unser Sohn damals schon aus dem »Gröbsten« raus und wurde nur noch ein oder zwei Mal am Tag gestillt. Es gab also wirklich keine Aufgaben, die ein Papa nicht übernehmen konnte. Morgens und mittags hat der Kleine schon Brei gegessen, und in der Nacht sind wir auf Fläschchen umgestiegen, damit ich durchschlafen konnte. Natürlich macht man sich trotzdem Sorgen, ob der »Rollentausch« reibungslos klappt. Aber am Ende lief alles bestens.

Und war der Rollentausch eine große Umstellung?
Sven: Eigentlich nicht. Ich habe schnell meinen Rhythmus mit Kind gefunden. Ich war oft in einem Stillcafé in der Stadt und besuchte außerdem einen Singkreis für Babys. Dazu noch Einkaufen, Spazierengehen, Spielen und nicht zu vergessen der Haushalt – damit waren die Tage schon gut gefüllt. Natürlich war ich in den Kursen und im Café als Papa eher ein Exot. Trotzdem habe ich nie Ablehnung erfahren, ganz im Gegenteil. Die meisten Frauen fanden es gut, einen Papa dabeizuhaben. Besonders toll fand ich eine Kursleiterin, die, als ich von einer durchwachten Nacht berichtete, sagte: Guckt mal, liebe Frauen, den Vätern geht es in Elternzeit ganz genauso wie euch.

Mirja: Auch ich habe die Rückkehr total genossen. Ich konnte wieder im Klassenzimmer stehen und unterrichten. Und als ich nach Hause kam, blieb noch genug Zeit für die Familie. Bis heute sind wir beide sehr glücklich mit der Aufteilung. Wir wollen auch nach dem baldigen Ende der Elternzeit weiter gleichberechtigt und in Teilzeit arbeiten. Finanziell können wir uns das leisten, und es bleibt so mehr Zeit für uns als Familie und als Paar.

Sven: Eine der prägendsten Erfahrungen mit paritätischer Elternzeit war es zu erleben, wie der Alltag des anderen aussieht und wie es ist, den gesamten Tag für dein Kind verantwortlich zu sein. Und umgekehrt, wie es ist, den ganzen Tag zu arbeiten und dann müde und geschafft dein Kind in die Hand gedrückt zu bekommen. Das Erleben der jeweils anderen Seite hat bei uns nur zu einer größeren Wertschätzung der Leistung des anderen geführt und zu der Erkenntnis, dass für uns Vereinbarkeit am besten mit Gleichberechtigung funktioniert.

Bitte, liebe Väter, geht in Elternzeit!

Machen wir einen kurzen Ausflug in die Entwicklung von Babys. Für ihren guten Start ins Leben ist vor allem eins wichtig: unsere elterliche Nähe und Zuwendung. Babys sollten sich sicher, umsorgt und geschützt fühlen. Dafür ist es wichtig, prompt auf ihre Bedürfnisse einzugehen – dafür müssen wir präsent sein, ihre Signale verstehen und reagieren. Gelingt das, entsteht eine sichere Bindung. Von wem diese Zuwendung kommt, ist relativ egal. Mütter haben dafür kein Patent-Rezept, geschweige denn einen besonderen Instinkt. Nein, ganz im Gegenteil. Sie sind genauso ahnungslos wie wir Väter. Gut, das Stillen haben sie uns voraus. Aber wir können mit Fläschchen zur Not die Ernährung eines Babys sehr wohl in die Hand nehmen. Auch auf hormoneller Ebene sorgt unser Körper für die nötige Väterlichkeit. Zum Beispiel produzieren Männer nach der Geburt Prolaktin, ein Hormon, das bei Frauen unter anderem für die Milchbildung zuständig ist.[15] Wir bekommen davon zwar keinen Milcheinschuss, dafür befeuert das Hormon aber unser Pflegeverhalten.

Wir Väter sind also genauso in der Lage, Signale unseres Babys – Hunger, Müdigkeit oder Bauchschmerzen – zu interpretieren. Wir reagieren genauso emotional und empathisch auf unseren Nachwuchs wie unsere Partnerinnen. Wir haben den gleichen Impuls, ein weinendes Baby zu trösten. Ja, sogar das Wickeln müssen die Mütter genauso lernen wie wir. Man(n) kann also mit gutem Gewissen sagen: Wir können genauso liebevoll erziehen und begleiten wie die Frauen. Und auch die Mütter wissen nicht zwangsläufig besser über Kinder Bescheid. Gegenläufige Behauptungen sind eher unserem Mutterbild geschuldet als der Wissenschaft. Mit diesem Wissen und Selbstbewusstsein können wir in die Verhandlungen um Elternzeit gehen. Das Wohlergehen des Kindes ist also sicher kein Grund für weniger Elternzeit von Vätern. Für die Entwicklung des Kindes ist ein präsenter Vater vielmehr immens wichtig.[16] Laut aktueller Studien sind die Söhne und Töchter engagierter Väter im Durchschnitt einfühlsamer, selbstbewusster, verfügen über eine bessere Selbstkontrolle und sind intelligenter als der Nachwuchs von weniger präsenten Männern. Dabei ist es nicht wichtig, ob der Vater besonders maskulin ist oder empathisch, viel wichtiger ist eine gute Beziehung zueinander.[17] Doch für eine gute Beziehung braucht es Alltag und nicht nur Quality Time am Wochenende oder kurz vor dem Einschlafen. Außerdem erleben die Kinder durch engagierte und präsente Väter andere Rollenbilder – Männer können auch kochen oder trösten.[18] Um es in aller Deutlichkeit zu sagen: Wir können alles anders machen, als unsere Väter das vielleicht getan haben. Wir haben ein großes Privileg und damit verbunden eine große Verantwortung.

Noch nie standen unsere Chancen besser, mit alten Werten zu brechen, der Last des alleinigen Ernährers zu entfliehen und die eigene Vaterrolle neu und anders zu gestalten. Die erste und beste Gelegenheit dazu bietet aus meiner Sicht die Elternzeit. Zu Hause beim Kind bleiben zu dürfen und dafür auch noch Geld zu bekommen, das ist ein tolles Angebot. Leider sehen das längst nicht alle Männer so. Klar, vor Einführung des Elterngeldes nahmen nur 3,5 Prozent der Männer Erziehungsurlaub.[19] Und laut dem Väterreport des Bundesfamilienministeriums verbringen Väter heute außerdem etwa eine Stunde mehr pro Woche mit ihren Kindern als noch vor zehn Jahren.[20] Allerdings findet diese gemeinsame Zeit vor allem am Wochenende statt. Viel interessanter finde ich deshalb folgende Frage: Was hält Väter davon ab, in Elternzeit zu gehen? Sehen wir uns die beiden wichtigsten Gründe, die die Befragten in der Studie des Deutschen Instituts für Wirtschaftsforschung (DIW Berlin) nannten, genauer an: Geld und Angst um die eigene Karriere.[21] Finanzielle Aspekte lassen sich nicht vollends von der Hand weisen. Der Kühlschrank will gefüllt, die Miete gezahlt sein. Dafür reicht in manchen Fällen das Elterngeld eben nicht aus. Vor allem im Osten der Republik haben viele Familien kaum Spielraum, um zwei Monate oder länger auf Geld zu verzichten.[22] Auch bei Geringverdiener*innen und bei Paaren, bei denen der Mann deutlich mehr verdient, ist der Anteil der Väter in Elternzeit weitaus geringer. Am häufigsten gingen übrigens Paare, die sehr ähnlich verdienten, partnerschaftlich in Elternzeit.

Deutlich weniger nachvollziehbar ist dagegen die Angst vor dem Karriereknick – ausgerechnet wegen zwei Monaten Familienauszeit. Frauen hält ein möglicher Karriereknick auch nicht davon ab, nach der Geburt lange zu Hause zu bleiben. Auch gibt es keine Studien, die belegen, dass Väter durch Elternzeit Einkommenseinbußen oder Nachteile bei der Bewerbung oder Beförderung haben. Natürlich gibt es auch noch die gesellschaftliche Prägung und unsere Sozialisierung, die einer längeren Elternzeit in manchen Fällen im Weg stehen. Viele Männer scheinen immer noch selbstverständlich davon auszugehen, dass sie bei der Familiengründung der Hauptverdiener werden und ihre Partnerin als gute Mutter selbst das Bedürfnis hat, sich überwiegend um ihr Kind zu kümmern. Das wirkt ein bisschen absurd, immerhin wünscht sich die Mehrzahl der Männer mehr Zeit mit der Familie und sagt, dass die Zeit mit den Kindern wichtiger ist als der berufliche Erfolg.[23] Trotzdem arbeitet nur ein verschwindend geringer Teil der Väter in Teilzeit.[24] Auch an dieser Aufteilung könnte mehr väterliche Elternzeit rütteln. Denn Väter, die in Elternzeit gehen, verbringen auch danach mehr Zeit mit ihren Kindern und machen mehr im Haushalt. Und noch wichtiger: Dieser Effekt ist ziemlich nachhaltig, wie eine Studie des RWI-Leibniz-Instituts für Wirtschaftsforschung zeigt.[25] So verbringen die Väter, die in Elternzeit waren, in den ersten sechs Lebensjahren des Kindes pro Woche rund eineinhalb Stunden mehr mit ihren Kindern als Väter, die durchgehend gearbeitet haben. Und sie übernehmen eine halbe Stunde mehr Hausarbeit. Ähnliche Studien gibt es auch aus dem Vorreiterland für moderne Väter – Schweden. Väter, die in Elternzeit waren, verbringen auch später mehr und intensivere Zeit mit ihren Kindern. Selbst nach einer Trennung ist ihr Kontakt zum Nachwuchs inniger. Vielleicht könnte die Politik aus all diesen Vorteilen lernen und die Elternzeit von Vätern bewusst fördern – zum Beispiel durch die Aufstockung der Vätermonate von zwei auf vier oder stärkere Unterstützung für Paare, die ihre Elternzeitmonate gleichberechtigt aufteilen – entweder finanziell oder durch zusätzliche Elternzeit-Monate. Doch weil das jetzt ziemlich viele Kopf-Fakten und Wunschträume waren, möchte ich mein Plädoyer für mehr Elternzeit für Männer mit einer kleinen Geschichte abschließen. Während meiner eigenen (leider viel zu kurzen) Elternzeit kam ich mit einem älteren Herrn ins Gespräch, vormittags an der Supermarkt-Kasse. Ich kaufte mit meinem Sohn gerade Windeln und Brei. Er alberte mit dem Kleinen herum und erzählte stolz von der schönen Zeit mit seinem Enkel. Zum Abschied gab er mir einen Rat. »Verbringen Sie Zeit mit Ihren Kindern, seien Sie dabei, wenn sie aufwachsen. Ich habe das verpasst. Zum Glück kann ich das mit meinem Enkel nachholen.« Leider geht genau das nicht. Die Zeit mit den Kindern lässt sich nicht zurückholen. In ihrem Buch *Fünf Dinge, die Sterbende am meisten bereuen* beschreibt die Krankenschwester Bronnie Ware Gespräche mit Menschen kurz vor ihrem Tod. Fast alle Väter klagen darüber, dass sie zu viel gearbeitet und zu wenig Zeit mit der Familie verbracht haben.[26] Deshalb sollte sich jeder Vater fragen: Wie präsent will ich im Leben meiner Kinder sein? Und bin ich bereit, dafür »Opfer« zu bringen? Wenn die Karriere vorgeht, kann ich das verstehen. Wenn ihr lieber im Büro sitzt als auf dem Spielplatz zu stehen, kann ich das verstehen. Die Zeit mit Babys oder Kleinkindern ist nicht nur schön, sondern auch anstrengend und manchmal eintönig. Die Tage in der Elternzeit bestehen aus windeln, Brei kochen, auf der Spieldecke liegen; ein Ausflug zum Supermarkt oder in die Drogerie ist ein absolutes Highlight. Wer darauf keine Lust hat, sollte dazu stehen. Es macht euch nicht zwangsläufig zu schlechteren Vätern. Doch wer es unbedingt anders machen will als unsere eigenen Väter, dem kann ich nur raten: Seid mutig, geht in Elternzeit, so lange wie möglich. Seid der erste Mann im Unternehmen, der für die Familie in Teilzeit geht. Verbringt möglichst viel Zeit und Alltag mit eurem Kind, putzt, kocht, wechselt Windeln, selbst wenn das eure Kumpels vielleicht für »unmännlich« halten. Dafür müsst ihr aber im Alter keinen verpassten Chancen nachtrauern und seid nicht nur Zaungast beim Aufwachsen eures eigenen Kindes. Außerdem macht die Vaterzeit auch viel Spaß. Inzwischen ist mein Kind vier Jahre alt und mag Dinosaurier, Lego und Vorlesen. Seine Interessen teilt er mit mir, ich bin ein wichtiger Ansprechpartner für ihn, wir tauchen zusammen in magische Welten ab und verbringen Nachmittage auf dem Spielplatz. Dieses Privileg und diese gemeinsame Zeit würde ich um nichts in der Welt wieder eintauschen. Doch gehen wir einen Schritt zurück und schauen auf die erste Zeit mit Baby und die Vereinbarkeit in dieser Zeit.

Das erste Jahr mit Baby

Kinderlose Leser*innen oder Paare in der Schwangerschaft können sich das vielleicht noch nicht vorstellen, denn sie schweben noch in den wunderbaren Illusionen werdender Eltern: Das erste Jahr mit Kind ist kein Zuckerschlecken. Es bedeutet Überforderung, völlige Glückseligkeit, viel Unsicherheit, manchmal sogar auch Angst und tägliche Erschöpfung im Gleichklang. Die Nächte enden früh und bleiben unruhig, bei den Müttern spannen die Brüste, den halben Tag verbringen sie mit Stillen. Dazu kommen Koliken und Blähungen, die ersten Zähne, Wachstumsschübe und ein wunder Po. All diese Dinge rauben dem Kind und den Eltern den Schlaf. Und über all dem schwebt die große Unsicherheit, ob wir alles richtig machen. Zum Glück gibt es auch viele unvergessliche Momente: Kuscheln, wenn das Baby selig vor sich hin schläft, das erste Brabbeln, Sitzen, Krabbeln, Robben. In diesen Momenten sind wir Eltern trunken vor Glück und Liebe, wenn wir auf unser Kind blicken. Diese Momente lassen jede Anstrengung vergessen und sorgen dafür, dass viele von uns sogar noch weitere Kinder bekommen. Trotzdem ist die erste Zeit mit Kind viel härter, als man es sich zunächst vorstellt. Natürlich entsteht irgendwann Routine, die Unsicherheit weicht, die junge Familie findet ihren Rhythmus. Aber es gibt immer wieder Momente, die uns als junge Eltern völlig überfordern und an unsere Grenzen bringen. Immerhin kennt unser Job als Mama oder Papa keinen Feierabend, kein Wochenende und keine Ferien – zumindest nicht in den ersten Monaten. Deshalb ist es wichtig, als Eltern ein Team zu sein, sich frühzeitig Hilfe und Unterstützung zu holen und sich neue Netzwerke zu schaffen. Wie das gelingen kann, darüber möchte ich in diesem Kapitel sprechen.

Wie wir unseren Alltag mit Baby finden

Mit der Geburt des ersten Kindes wird der Alltag komplett auf den Kopf gestellt. Statt auf der Arbeit ist wenigstens einer von euch nun tagsüber zu Hause, und der Fokus liegt komplett auf dem Kind. Dahin sind all die Spontaneität und Selbstbestimmung der kinderlosen Tage. Davon spürt man direkt nach der Geburt erstmal wenig. Zu magisch ist die Zeit des Wochenbetts. Man lernt sein Kind kennen, kuschelt viel, verbringt hormonschwangere Stunden im Bett. Das ist auch gut so: So können wir uns als Familie in Ruhe finden, Kraft tanken und im Falle der Mutter auch von der Geburt erholen. Andere Pläne für die ersten Wochen machen auch kaum Sinn: Neugeborene halten sich nämlich kaum an Regeln, was den Schlafrhythmus oder die früheren Gewohnheiten ihrer Eltern angeht. Also Alltag aus, die gemeinsame Zeit genießen und Chaos zulassen. Der Alltag kehrt früh genug zurück.

An dieser Stelle möchte ich allen Männern etwas Wichtiges mit auf den Weg geben. Liebe Väter, egal ob ihr nun lange in Elternzeit geht oder gar nicht, seid wenigstens im Wochenbett präsent. In den ersten sechs bis acht Wochen nach der Geburt heilen die Geburtswunden, und der weibliche Körper stellt sich hormonell wieder um. Besonders in den ersten Tagen müssen sich die Frauen schonen. Sie erholen sich von den Anstrengungen der Geburt und den körperlichen Anpassungsvorgängen danach. Der Körper läuft auf Hochtouren und braucht gleichzeitig viel Ruhe. Und dabei kommt ihr ins Spiel. Während eure Partnerin stillt, könnt ihr selbst aktiv werden, kochen, den Haushalt schmeißen und lästige Besucher*innen abwimmeln. Das gibt ein wunderbares Gefühl von Produktivität und des Gebrauchtwerdens. Und noch viel wichtiger, ihr könnt die Zeit nutzen, um euch als Familie kennenzulernen. Ihr glaubt mir nicht? Sprecht gerne mit anderen erfahrenen Vätern. Sie werden euch sicher bestätigen, dass das gemeinsame Wochenbett etwas Wunderbares an sich hat und unbedingt genossen werden sollte.

Mit der Zeit entwickelt ihr und euer Kind ein Gespür füreinander. Langsam, aber sicher entstehen erste Routinen. Bei uns war es zum Beispiel die Aufteilung in der Nacht. Ich habe schnell das Wickeln übernommen und meine Frau das Stillen. Nach den ersten, harten Monaten bleiben Babys irgendwann tagsüber länger wach und schlafen auch in der Nacht längere Zeiten am Stück.[27] Auch beim Stillen oder Füttern mit der Flasche stellt sich ein Rhythmus ein. Im Wickeln, Anziehen oder Alles-mit-Baby-auf-dem-Arm-Erledigen werden wir als junge Eltern schnell zu Profis. Das heißt natürlich nicht, dass unsere Unsicherheit ganz verschwindet. Oft genug haben wir uns gefragt, warum das Kind nun gerade jetzt wieder schreit. Hat es Hunger, ist es übermüdet, tut ihm doch das Bäuchlein weh? Die richtige Antwort darauf zu finden, ist gerade am Anfang nicht einfach. Die gute Nachricht: Wenn wir als Eltern für das Baby da sind und auf es eingehen, ist das schon die halbe Miete. Vieles andere ergibt sich mit der Zeit. Für mich als Papa war es ein ganz tolles Gefühl, als wir immer besser wussten, mit welchem Lied unser Sohn am besten einschlummert, und unsere ersten schönen Rituale entstanden – wie zum Beispiel die Baby-Massage nach dem Baden oder kleine Spielereien mit Mobile oder Schmusetier beim Wickeln. Bis heute freut sich mein Sohn wie ein Schneekönig über den Reim von der Maus, die bis nach Dänemark radelt. Solche ersten Strukturen geben Eltern und Kindern gleichermaßen viel Halt und Geborgenheit. Alltag und Routinen sind vor allem dann immens wichtig, wenn wieder einer von euch alleine mit dem Kind ist und der/die andere an den Arbeitsplatz zurückkehrt. Dieser Umbruch nach dem Wochenbett ist eine große Umstellung, auch noch beim zweiten oder dritten Kind. Die Routine im Büro wiederzufinden, fällt nicht schwer – jedenfalls nach nur kurzer Elternzeit –, vielleicht ist man etwas müder als vorher und verbringt mehr Zeit am Kaffeeautomaten. Größer ist die Umstellung für den von euch, der in Elternzeit zu Hause bleibt. Nicht falsch verstehen: Das ist eine tolle Zeit, nie wieder könnt ihr so intensiv einem kleinen Menschen beim Wachsen und Entwickeln zusehen. Trotzdem kann die Zeit zu Hause auch manchmal sehr langatmig und überfordernd sein – schließlich müssen wir als Eltern in den ersten Monaten den ganzen Tag und die ganze Nacht für unser Kind da sein. Auch der gewohnte Alltag im Büro mit den Kolleg*innen und die Zeit zu zweit sind erstmal weg. Gemütlich auf dem Sofa sitzen, zwei Stunden Serien zu schauen oder sich mit Freunden zu treffen, fällt (weitestgehend) flach. Das ist auch in Ordnung, wirklich vermisst habe ich diese Dinge nie. Der Fokus verschiebt sich eben. Immerhin läuft das Kind – entgegen mancher Aussagen von Großeltern oder kinderlosen Tanten – nicht einfach so mit, sondern braucht unsere Rücksichtnahme. Wir tun gut daran, unser Leben an die Schlafens- und Essenszeiten des Kindes anzupassen. Und das ist gar nicht so schwer. Inzwischen liebe ich es, früh Mittag zu essen und noch früher ins Bett zu gehen – am liebsten gleich nach meinem Sohn. Aber natürlich bedeutet diese Rücksichtnahme nicht, dass wir uns vollends verlieren müssen. Deshalb ist es wichtig, sich schon früh einen gemeinsamen Rhythmus zu schaffen, der unserem Kind guttut und seine Bedürfnisse erfüllt, aber auch uns Eltern Entlastung, Abwechslung und Freiräume bietet.

Fokus auf die wichtigen Dinge

Wie schafft man eigentlich Entlastung für die erste Zeit mit Baby? Diese Frage habe ich auch Inke Hummel gestellt. Die Pädagogin und Coachin gibt seit vielen Jahren Kurse für Eltern und ihre Babys. Sie hat etwas sehr Spannendes erzählt. In ihren Kursen sitzen oft Mütter (und manchmal auch Väter), die darüber klagen, dass sie kaum etwas schaffen – weder kochen noch aufräumen oder eine Waschmaschine anstellen. Doch diese Haltung ist ein Überbleibsel aus der kinderlosen Zeit: Wenn ihr euch als Eltern acht oder zehn Stunden intensiv um euer Kind kümmert, leistet ihr tolle Arbeit und schafft sehr viel – das und mehr gibt Inke den Eltern in ihren Kursen mit. Warum erzähle ich das hier? Gerade in der ersten Zeit mit Baby ist es wichtig, seinen Fokus zu verändern. Es geht nicht darum, in der Elternzeit möglichst viel zu erledigen. Ganz im Gegenteil: In der ersten Zeit geht es vor allem um euer Baby und euch als Eltern. Alles andere rückt in den Hintergrund. Habt deshalb Mut zur Lücke! Und überhaupt: So viel Platz neben Stillen, Wickeln, Kuscheln,

Spielen und mit dem Kinderwagen rausgehen bleibt ohnehin nicht. Selbst die Phasen, in denen das Kind schläft, solltet ihr nicht zwangsläufig nutzen, Schränke auszumisten oder Staub zu wischen. Viel wichtiger ist die Grundversorgung der eigenen Bedürfnisse – versucht, ein bisschen neben dem Baby zu schlafen, mal in Ruhe etwas zu trinken und zu essen, oder bewegt euch an der frischen Luft. Solche Momente sorgen für Entspannung und sind eine gute Gelegenheit, durchzuatmen. Diese kleinen Pausen sind im Alltag oft viel wichtiger als ein paar Krümel auf dem Boden oder Chaos im Wohnzimmer. Natürlich hat jeder von uns Dinge, auf die er besonders viel Wert legt – eine saubere Küche oder eben die gemachte Wäsche. Diese Prioritäten könnt ihr natürlich gerne abarbeiten oder euch Unterstützung dafür suchen – gerade, wenn sie euch unerledigt plagen. Alle Dinge, mit denen ihr guten Gewissens leben könnt, macht entweder jemand anderes oder sie werden auf eine Zeit verschoben, wenn wieder mehr Kraft und Lust vorhanden sind. Und wenn ihr euch trotzdem noch unproduktiv fühlt, dann könnt ihr euch natürlich auch kleine Projekte suchen, die euch guttun und mal nichts mit Baby zu tun haben: Endlich Bücher lesen, einen Instagram-Kanal starten oder was euch sonst Spaß macht. Aber auch hier gilt: lieber klein und überschaubar als groß und umfangreich. Ich kenne genug Menschen, die über ein zweites (Fern-)Studium oder eine umfangreiche Fortbildung in Elternzeit nachdachten und am Ende froh waren, am Abend genug gegessen und die Kleidung gewechselt zu haben.

Noch ein wichtiger Tipp zum Loslassen: Gerade in den ersten Wochen mit Baby ist Flexibilität gefragt. Es dauert einige Zeit, manchmal Monate, bis sich Kinder an einen Tag-Nacht-Rhythmus gewöhnen. Aber auch danach gilt: Feste Pläne oder Tage voller Termine? Lieber nicht. Manchmal schafft ihr es kaum aus dem Haus, manchmal schlaft ihr einfach am Vormittag mit dem Baby auf dem Sofa ein. Deshalb solltet ihr einfach ein wenig in den Tag hineinleben und über alles Geschaffte glücklich sein. Wenn ihr einen Tag mit dem Baby verbracht habt, habt ihr viel geleistet – auch wenn das jetzt nicht sofort messbar oder sichtbar ist –, jedenfalls nicht auf Hochglanz-Instagram-Bildern. Deshalb solltet ihr den Mut und die Muße haben, euch gerade am Anfang auf das Tempo eures Kindes einzulassen. Ihr werdet sehen: Bald gibt es mehr Abwechslung, durch gemeinsame Spaziergänge mit dem Kinderwagen, den Rückbildungskurs oder die ersten Krabbelgruppen.

Gemeinsam und für sich

Auch wir Väter sind in der Familie von Anfang an angefragt – in Elternzeit oder nicht, ist dabei völlig egal. Das heißt jetzt nicht, dass ihr alles gemeinsam als Familie machen müsst. Ganz im Gegenteil: Die Alltagsroutinen sollten sich eher an den Bedürfnissen des Kindes orientieren. Wenn das Baby um 17 Uhr den Brei haben will, ist es völlig in Ordnung, dann schon Abendbrot zu essen, auch wenn der Partner oder die Partnerin gerade erst auf dem Heimweg vom Büro ist. Auch die Einschlafbegleitung oder der Sonntagsspaziergang müssen nicht immer gemeinsam als Familie stattfinden. Ihr solltet als Paar vielmehr über gemeinsame Aktivitäten und nötige Auszeiten sprechen. Vielleicht legt ihr großen Wert darauf, dass alle gemeinsam im Familienbett einschlafen oder abends noch einmal zusammen rausgehen. Gleichzeitig ist es auch völlig legitim, für jeweils einen von euch eine babyfreie Stunde am Abend oder einen freien Vormittag am Wochenende einzuplanen. Wenn ihr das Bedürfnis nach Auszeiten verspürt, macht es Sinn, das auch offen zu kommunizieren und dafür eine passende Routine im Alltag zu finden. Schließlich müsst ihr euch gerade am Anfang die Auszeiten gegenseitig oder durch die Großeltern oder Freund*innen ermöglichen. Wie ausgiebig und wie stark gestaltet diese freie Zeit ist, müsst ihr selbst entscheiden. Wichtig ist, dass diese Zeit wirklich frei von Verpflichtungen wie Erwerbs- und Hausarbeit oder Kinderbetreuung ist. Möglichkeiten dafür gibt es oft mehr, als wir denken – zum Beispiel trifft man am Wochenende überproportional viele Väter alleine mit Kindern auf dem Spielplatz, Wochenmarkt oder im Tierpark. Auch bei uns waren der Samstag- und Sonntagvormittag lange Papa-Zeit.

Ein direktes Wort an die Mütter: Wenn ihr euch Freiräume zugesteht, habt ihr schon einen großen Schritt in die richtige Richtung getan. Aber bitte legt in dieser Zeit auch gern die Beine hoch oder tut etwas für euch und bringt nicht das Haus auf Hochglanz. Und noch ein zweiter Appell: Liebe Mütter, ihr braucht kein schlechtes Gewissen oder gar Angst zu haben, wenn euer Partner alleine Zeit mit dem kleinen Baby verbringt. Dank Abpumpen oder Pre-Nahrung ist selbst ein Mädelsabend oder ein ausgiebiger Friseurbesuch kein Ding der Unmöglichkeit. Ihr dürft ruhig mutig sein und euren Männern vertrauen. Natürlich ist es auch völlig in Ordnung, zu Hause zu bleiben und in die Badewanne zu steigen. Wichtig ist, dass es sich für euch gut anfühlt.

Neben den Auszeiten und Ausflügen gibt es dann noch die alltäglichen Dinge. Dafür gab mir Elterncoachin Inke Hummel noch einen wertvollen Tipp: Beide Elternteile sollten von Anfang an möglichst viel Alltag und Routinen übernehmen. Auch der

Papa, der nicht in Elternzeit ist, kann zum Kinderarzt oder Babykurs gehen oder die Einschlafbegleitung übernehmen. Gerade in den ersten drei Lebensmonaten, wenn das Baby die Bezugspersonen noch nicht stark unterscheidet, sei das oft gut möglich, verrät Inke. Auch als Vater seid ihr dann von Anfang an einbezogen, baut eine Bindung zum Kind auf und werdet schnell zum Baby-Experten. Und das ist – so meine eigene Erfahrung – ein ziemlich cooles Gefühl. Ich stand zum Beispiel immer nachts mit auf und habe das Wickeln übernommen. Auch beim Stillen am Tag versuchte ich, mich nützlich zu machen, Tee kochen für die Frau, Vorkochen oder Aufräumen im Haus. Auch die Übernahme von Milch- oder Breimahlzeiten ist eine tolle Möglichkeit – gerade für Papas, die sich durch das Dauerstillen etwas außen vor fühlen. Wenn das Baby Muttermilch oder Pre-Nahrung aus der Flasche annimmt, kann die Frau die günstige Gelegenheit nutzen und mal eine Nacht durchschlafen. Und wenn später der erste Brei dazukommt, schlägt ohnehin unsere große Stunde als Ernährer. Und auch hier kann ich nur sagen, es ist ein erhabenes Gefühl, wenn ein sattes Kind auf deinem Arm einschläft.

Das macht nicht nur richtig viel Spaß, sondern stärkt die Bindung zum Kind und gibt euch die nötige Sicherheit, wenn ihr alleine mit eurem Sohn oder eurer Tochter unterwegs seid. Nur durch gemeinsame Zeit wisst ihr, was euer Kind am liebsten spielt, was es beruhigt, was in eine gute Wickeltasche gehört und wo es den Lieblingsbrei gibt. Es soll ja immer noch Väter geben, die all das nicht wissen.

Kurzum: Wenn ihr genug Alltag übernehmt, seid ihr nicht völlig überfordert, wenn ihr mit dem Kind einen Abend oder länger allein bleibt – egal ob nun die Frau beim Yoga ist oder mit einer ordentlichen Grippe im Bett liegt. Und unter uns Männern: Wenn eure Frau sieht, wie toll das Baby-Papa-Gespann funktioniert, gibt ihr das die nötige Ruhe, um loszulassen. Das ist immens wichtig für alle. Im nächsten Abschnitt soll es deshalb auch darum gehen, wie ihr eine gleichberechtigte Verteilung der Familienaufgaben aushandelt.

Gerechte Aufteilung der Care-Arbeit

Die Basis für ein Familienleben, das die Bedürfnisse von allen erfüllt, ist eine gute Arbeitsteilung innerhalb der Familie. Obwohl sie so immens wichtig ist, haben viele Paare leider genau dabei großen Nachholbedarf. Gehen wir von der deutschen Durchschnittsfamilie aus: Der Vater kehrt nach einem oder zwei Monaten Elternzeit zurück an seinen Arbeitsplatz, und die Mutter bleibt mindestens noch ein Jahr mit dem Kind zu Hause. Damit sind die Rollen zumindest theoretisch klar verteilt. Die Mutter ist für Kind und Haushalt zuständig, der Mann kümmert sich um die finanzielle Versorgung der kleinen Familie. Doch trotz dieser auf den ersten Blick sehr traditionellen und klaren Zuständigkeitsbereiche macht es Sinn, über eine gerechte Arbeitsteilung zu sprechen – ich kann es gar nicht oft genug sagen: Familie ist schließlich Teamwork und zwar vom ersten Tag der Elternschaft an.

Um zu verstehen, wie wichtig eine gerechte Aufteilung der Familienaufgaben ist, hilft ein Blick auf den Mental Load, also die Last, an alles denken zu müssen. Die wunderbaren Autorinnen Patricia Cammarata, *Raus aus der Mental Load-Falle*, und Laura Fröhlich, *Die Frau fürs Leben ist nicht das Mädchen für alles*, haben mit ihren sehr lesenswerten Büchern diesen Begriff in den Fokus der Öffentlichkeit gebracht. Ein paar Beispiele zur Verdeutlichung:

»Passen die Gummistiefel und die Matschhose für die Kita noch? Haben wir Nudelsoße für den Abend? Was schenken wir eigentlich beim nächsten Kindergeburtstag? Ach ja, und einen Termin für die U-Untersuchung müsste ich auch machen.« Diese fürsorgliche Denkarbeit geschieht unsichtbar, oft unbewusst und wird deshalb weder bezahlt noch groß wertgeschätzt. Trotzdem ist sie so anstrengend und so zeitraubend, dass sie schnell zur Last werden kann – gerade wenn sie auf den Schultern einer Person ruht, und leider sind das vor allem die Mütter. Sie fühlen sich verantwortlicher und oft auch kompetenter für Haushalt und Kindererziehung. Frauen wenden pro Tag im Durchschnitt 52,4 Prozent mehr Zeit für unbezahlte Sorgearbeit auf als Männer.[28] Als Hauptgründe dafür darf wohl die eigene Sozialisierung gelten, gestärkt durch einen angestaubten Müttermythos, der Frauen immer noch als Hüterin von Haus und Kindern propagiert.[29] Das Problem: Diese Rollenzuschreibung wird ohne Entlastung über kurz oder lang zu einer Belastung – für die Frau und die Beziehung. Ein besonders kritischer Punkt ist das Ende der Elternzeit und die Rückkehr in den Beruf. Viele Mütter bekommen dann mit der Erwerbsarbeit einen weiteren Vollzeitjob neben Haushalt und Kinderbetreuung einfach obendrauf. Und außerhalb der »Neue-Väter«-Filterblase gibt es genug Männer, die nach acht bis zehn Stunden Büro, etwas Superdaddy-Show samt Autowaschen und Rasenmähen am Wochenende ihren Beitrag zum Familienalltag als erledigt ansehen. Wenn es dagegen um die tägliche Care-Arbeit geht, geben sie gerne Verantwortung ab – aus Bequemlichkeit oder Unsicherheit. Damit werden sie zu Randfiguren und agieren nur auf Anweisung der Frau. Das führt dann zu grauenvollen Formulierungen wie: »Er hilft oder unterstützt im Haushalt«[30]. Und manche dieser Befehlsempfänger kennen weder den Namen des Kinderarztes oder des besten

Freundes noch die aktuelle Kleider- oder Schuhgröße des Kindes. In heutigen Tagen sei das nur ein Klischee, sagt ihr jetzt? Dann lauscht mal den ernsteren Mütter-Gesprächen auf dem Spielplatz oder in der Kita-Garderobe.

Viele Väter glänzen nicht nur durch Unselbstständigkeit, sondern picken sich auch bei der Aufgabenverteilung die Rosinen heraus. Frauen fühlen sich eher für dringliche und alltägliche Aufgaben verantwortlich – Einkaufen, Kochen oder das Baby füttern. Die Männer wählen dagegen eher Aufgaben, die zeitlich flexibel und gleichzeitig sehr sichtbar sind. TÜV, Keller ausräumen oder die Steuererklärung zum Beispiel.[31] Doch natürlich muss das alles nicht sein. Ihr könntet es ändern.

Falls ihr noch mehr Argumente für die gerechte Verteilung der Aufgaben braucht – außer Entlastung und besserer Verteilung der Aufgaben: Die Gleichberechtigung stärkt auch die Beziehung zum Kind und ist gut für euch als Paar. Denn wer mag schon permanente Ungerechtigkeit? Ich verrate an dieser Stelle sicher nichts Neues, wenn ich sage, dass viele Konflikte der ersten Monate ihren Ursprung im diffusen Gefühl von »Ich muss alles alleine machen« haben. Deshalb kommen wir jetzt zu den Lösungswegen. Der Anfang ist eine simple Erkenntnis – ihr seid gemeinsam für Kinder und Haushalt verantwortlich.

Schritt 1: Karten auf den Tisch

Im ersten Schritt sammelt ihr alle Aufgaben, die im Familienalltag anfallen. Alltägliches wie Frühstück machen, Kinder in die Kita bringen, Spülmaschine ausräumen, Wäsche waschen oder Einschlafbegleitung genauso wie seltenere Termine wie Auto zum TÜV oder zur Inspektion bringen oder die U-Untersuchungen beim Kinderarzt machen. Natürlich zählen auch die Erwerbsarbeit und die Kinderbetreuung in der Elternzeit dazu. Neben all diese Aufgaben schreibt ihr den zeitlichen Aufwand und die Häufigkeit. Alle Arbeiten haben den gleichen Wert. Das heißt: Acht Stunden im Büro sind genauso wichtig wie die acht Stunden mit Baby zu Hause.

Schritt 2: Verteilung der Aufgaben

Habt ihr euch einen Überblick verschafft, könnt ihr nun die Aufgaben verteilen. Die Mental-Load-Expertin Laura Fröhlich rät dafür zu regelmäßigen Küchenmeetings[32] – zum Beispiel am Sonntag, sozusagen als Vorbereitung auf die neue Woche. Hier könnt ihr besprechen, welche Aufgaben in der nächsten Woche anstehen und wer was übernehmen kann. Natürlich muss nicht jede Kleinigkeit verteilt werden. Es darf ruhig feste Zuständigkeitsbereiche abseits von Elternzeit und Erwerbsarbeit geben. Bei klassischer Rollenverteilung in der Elternzeit heißt das vielleicht: Mama bestreitet den Alltag mit Baby und kümmert sich um Spülmaschine und Wäsche. Papa ist am Wochenende für das Bügeln und Einkaufen zuständig, übernimmt aber nach dem Büro die Einschlafbegleitung, das Zähneputzen und das Aufräumen, wenn das Kind schon schläft. In dieser Zeit kann die Frau durchatmen, ein Buch auf dem Sofa lesen, baden gehen oder mit der besten Freundin telefonieren. Natürlich stehen solche Auszeiten auch dem Mann zu. Auf den ersten Blick mag dieses Meeting ziemlich verkopft erscheinen, aber tatsächlich hilft es ungemein dabei, gut durch die Woche zu kommen. Und ihr werdet schnell feststellen, dass die zehn bis zwanzig Minuten am Wochenende an den Werktagen viel Zeit und unnötige Absprachen sparen.

Anders als im Unternehmen ist in der Familie Effizienz nicht alles. Deshalb muss nicht jede Aufgabe allein übernommen werden. Zum Beispiel macht es Sinn, gerade am Anfang gemeinsam zum Babyschwimmen zu gehen oder Babyprodukte in der Drogerie zu kaufen.
Erstens macht das Spaß, und zweitens entsteht so gemeinsames Wissen über Impfungen, Kinderkrankheiten oder Kleidergrößen. Dieses Wissen ist ungemein wichtig für eine partnerschaftliche Aufteilung, in der jeder eigenverantwortlich und selbstständig Aufgaben übernimmt.

Schritt 3: Aufgaben sichtbar machen

Mental-Load-Expert*innen wie Laura Fröhlich raten dazu, die To-dos nicht nur zu besprechen, sondern wie im Projektmanagement in einem Unternehmen auch sichtbar zu machen.[33] Der Vorteil: Jeder behält den Überblick über die anstehenden Termine und Aufgaben. Außerdem lassen sich wichtige Informationen teilen. Müssen noch Windeln für die Kita gekauft werden, wann müssen die Bilderbücher zurück in die Bibliothek und welches Geschenk muss für den Kindergeburtstag besorgt werden? Solche Informationen helfen ungemein dabei, anstehende Aufgaben selbstständig zu erledigen. Ob die Informationen und Termine in einem digitalen Kalender oder einem aus Papier an der Küchenwand organisiert werden, ist eigentlich völlig egal. Es geht nur darum, euch eine Übersicht zu verschaffen. Gleichzeitig hilft die Visualisierung dabei, dass jeder für seine tägliche Arbeit die nötige Wertschätzung bekommt.

Schritt 4: Volle Verantwortung

Echte Entlastung bringt aber nicht nur die Übernahme von Aufgaben. Wenn der Mann über Tage an den Anruf beim Handwerker erinnert werden muss, bleibt die Denklast auch weiterhin bei euch Frauen. Der einseitige Mental Load verschwindet erst, wenn beide selbstständig arbeiten, gleichermaßen Verantwortung übernehmen und nicht ständig an die Aufgaben erinnert werden müssen. Das bedeutet aber auch, dass wir unsere eigenen Ideen und Ansprüche manchmal hintanstellen müssen.

Schritt 5: Abstriche machen

Familien sind nur auf Instagram perfekt. Deshalb sollten wir uns spätestens als junge Eltern von Perfektion verabschieden. Natürlich muss dabei jeder selbst entscheiden, was für ihn besonders wichtig ist. Der Garten muss nicht immer perfekt gemacht sein, das Essen darf ruhig vom Lieferdienst oder der Oma gekocht werden, die Haare müssen nicht immer perfekt sitzen, die Babykleidung und das Spielzeug nicht immer 100 Prozent bio und Fair Trade sein. Für die Entlastung im Alltag ist es immens wichtig, sich zu fragen, was man weglassen kann und welche Aufgaben man auslagern kann – an die eigene Verwandtschaft oder bezahlte Dienstleister. Patricia Cammarata nannte in unserem Gespräch diese Haltung sehr treffend: Pragmatisch ist das neue Normal.[34]

Schritt 6: Reflexion

In den wöchentlichen Küchenmeetings solltet ihr nicht nur über die Aufgaben der nächsten Woche sprechen, sondern euch auch regelmäßig Zeit für Reflexion nehmen. Welche Aufgaben-Verteilung hat gut geklappt, was war wirklich schwierig? Wie könnten wir das besser lösen? Diese Kommunikation ist immens wichtig, um neue Frustration zu vermeiden und den Mental Load weiter abzubauen. Gleichzeitig sollte die zeitgerechte Verteilung von Aufgaben nicht zu einem emotionalen Vergleichen und Bewerten der Leistungen des oder der anderen werden. Behaltet ruhig die geleistete Arbeit und die gerechte Verteilung im Auge, streitet aber nicht um jede mehr erledigte Aufgabe. Das ist meistens eher kontraproduktiv für die Beziehung. Nicht umsonst warnen davor die meisten Beziehungsratgeber für Eltern.

Warum wir uns schleunigst vom Bild der perfekten Mutter trennen müssen

Traditionelle Rollenbilder sind ein Hindernis für eine gleichberechtigte Arbeitsteilung und damit auch für Vereinbarkeit – das zeigen die Debatten um den Mental Load sehr gut. Besonders dringend sollten wir aus meiner Sicht den Mythos der Super-Mamas überwinden und über ein neues Mutterbild nachdenken. Ich weiß, dass ich mich als Vater nun auf dünnes Eis begebe. Aber ich will und kann diesen Aspekt einfach nicht aussparen. In fast jedem Recherche-Gespräch zu diesem Buch kam das toxische Mütterbild in unserer Gesellschaft zur Sprache – manchmal sehr explizit, manchmal indirekt durch Erzählungen. Da wird die »früh« aus der Elternzeit zurückkehrende Frau als Rabenmutter bezeichnet, da wird ganz offen über die (Fremd)Erwartungen bezüglich des perfekten, möglichst zuckerfreien Kuchens, des wenigsten Medienkonsums, des pädagogisch wertvollsten Spielzeugs gesprochen. Kurzum: Auf Müttern lastet heute ein immenser Druck. Sie müssen ihre Kinder immer lieben, immer für sie da sein, die eigenen Bedürfnisse für die Familie zurückstellen, immer gute Laune haben, dürfen trotzdem nie müde sein oder gar die Nerven verlieren, sie sollen die wichtigste Bezugsperson sein und das Kind schon früh fördern.[35] Das Gefährliche dabei: All diese Normen kann niemand erfüllen, nicht einmal wenn die Frau ihren Beruf (und sich selbst) voll und ganz aufgibt und sich als Hausfrau »nur« den Kindern widmet. Dazu kommt, dass sich Außenstehende ständig in den Alltag der Mütter einmischen.[36] Es beginnt in der Schwangerschaft – werdende Großeltern, Freund*innen mit Kindern, Ärzt*innen oder Fremde in der U-Bahn. Alle scheinen zu wissen, was das Beste für die werdenden Mütter (oder Eltern) ist. Das hört auch nach der Geburt nicht auf. Wie lange stillt ihr? Gebt ihr Pre-Nahrung? Wie lange bleibt ihr zu Hause? Wann und mit wie vielen Stunden kehrt ihr an den Arbeitsplatz zurück? Zu all diesen Fragen bekommen Mütter ungefragt Ratschläge. Vom verqueren Mutterbild in den sozialen Netzwerken ganz zu schweigen: Mama-Influencerinnen und Promis zeigen sich schon wenige Wochen nach der Geburt top trainiert. Ihre Kinder spielen immer friedlich, beschäftigen sich schon lange selbst, sind nie dreckig oder schlecht gelaunt. Es wird nur gesund gegessen, toll gebacken, und es gibt nur aufgeräumte Zimmer und coole Möbel. Sorgen, Gedanken um Vereinbarkeit oder die Autonomiephase gibt es in dieser heilen Welt nicht. Dafür ist das Mutterglück für alle greifbar. Damit befeuern diese Frauen das Bild der Lebenserfüllung Mutterschaft und bekommen nebenbei endlich Anerkennung für die sonst so unsichtbare Care-Arbeit.[37] Danach zu streben, ist so reizvoll wie gefährlich. Sich dagegen von all diesen Erwartungen und Vorstellungen über die Super-Mama freizumachen, wird durch solch starke Bilder noch schwieriger. Die Folgen sind deutlich sichtbar: Aktuelle Studien zeigen immer wieder, wie schlecht es Frauen zwischen dreißig und vierzig Jahren psychisch geht.[38] Und das liegt auch daran, dass sie dem wachsenden Druck von außen kaum noch entkommen können.[39] Ein Indiz dafür könnte die steigende Nachfrage nach Kuren beim Müttergenesungswerk sein. 2011 waren 39.000 Eltern auf Kur, 2019 schon 47.000.[40] Und das ist vermutlich nur die Spitze des Eisbergs. Der häufigste Grund für die Kuren sind übrigens psychische Probleme – Selbstzweifel, Depressionen, Schlafstörungen und Burnout. Doch warum hält sich das angestaubte Bild der Frau als perfekte Mutter und Familienmanagerin, die voll in Haushalt und Familie aufgeht und ihre Belange voll dem Kind unterordnet, eigentlich so wacker? Schließlich erscheinen diese Vorstellungen frisch aus der Werbung der Sechziger- und Siebzigerjahre gepurzelt zu sein. Expertinnen wie Margrit Stamm zufolge ist der Muttermythos ein wichtiger Grund dafür.[41]

Frauen gelten heute als emanzipiert. Junge Mädchen können theoretisch alles werden – von der Geschäftsführerin bis zur Nobelpreisträgerin. Das ist ein großer Fortschritt, ganz im Gegensatz zu unserem Mütterbild. Eine mögliche Erklärung dafür liegt aus Sicht von Stamm im modernen Neoliberalismus als politische Strömung, die jedem von uns mehr Verantwortung übergibt.[42] Wir sagen den Frauen heute: »Euch steht die Welt offen, aber bitte bleibt dabei die perfekte Mutter. Darin liegt schließlich eure natürliche Bestimmung.« So sollen Frauen nun nicht mehr nur perfekte Hausfrauen und Partnerinnen seien, wir erwarten auch noch ein erfülltes Berufsleben von ihnen. So wird die wachsende Erwerbstätigkeit der Frauen zu einer willkommenen Errungenschaft, jedenfalls solange Kinder und Partner nicht zurückstecken müssen. Doch genau diese Haltung ist zum Scheitern verurteilt. Wir erinnern uns an das Bild des »300-prozentigen Wracks« von Ex-Familienministerin Renate Schmidt.[43] Sehr gut bringt es auch Laura Fröhlich in ihrem Buch *Die Frau fürs Leben ist nicht das Mädchen für alles* auf den Punkt: »Mütter haben nicht mehr Kräfte als andere Menschen, sie haben kein Aufopferungsgen und sind am Ende des Tages genauso erschöpft wie alle anderen Menschen, die viel gearbeitet haben. Aber die Glorifizierung der Mutterschaft suggeriert, dass wir in der Lage sind, mentale Last tragen zu können, und wir beschämen uns dann umso mehr, wenn wir zugeben müssen, dass wir allen Ansprüchen nicht gerecht werden.«[44] Doch sich von den Erwartungen zu befreien, ist kein Kinderspiel, immerhin gehören sie zu unserer frühesten Prägung. So haben schon unsere Großeltern und eigenen Eltern gelebt. Genau deshalb übernehmen viele Frauen nach der Geburt des ersten Kindes die von ihnen erwartete Mutterrolle. Doch das ist nur ein Teil des Problems: Wir Männer werden zu Vätern und verlassen uns in den meisten Fällen fortan darauf, dass unsere Partnerin sich um Kinder, Haushalt und Familienorganisation kümmert und auch noch voll darin aufgeht. Und das, obwohl diese Care-Arbeit oft unsichtbar bleibt und gesellschaftlich nur wenig anerkannt ist. Die Folge ist der aktuelle Status quo in der Gleichberechtigung: Der Alltag vieler Mütter ist gefüllt mit Doppel- und Dreifachschichten und einem nagenden, schlechten Gewissen – über zu wenig Zeit für den Job, zu wenig Zeit für das Kind, über zu viel schmutzige Wäsche und schon wieder eine Tiefkühlpizza zum Abendbrot. Leider ist dieses schlechte Gewissen ein schlechter Ratgeber. Es manipuliert Mütter, treibt sie noch mehr zu unnötiger Hochleistung an. Sie müssen ihre vermeintlichen Versäumnisse schließlich irgendwie wiedergutmachen. Wenn sie nicht aufpassen, entsteht eine »Druckspirale«, die für die psychische und physische Gesundheit der Frauen gefährliche Folgen haben kann. Für uns Männer ist der Mütter-Mythos dagegen eher ein Jackpot. Wenn die Frauen vermeintlich von Natur aus besser für die Kinderbetreuung und die Familienorganisation geeignet sind, fällt es uns leichter, Verantwortung abzugeben. So verwundert es kaum, dass unser heutiges Mutterbild von vielen Männern aktiv am Leben gehalten wird. Doch auch die Frauen selbst haben ihren Anteil daran – Stichwort: Mom Shaming. Mütter werden ständig für ihre Erziehung und ihren Lebensstil kritisiert – vor allem von anderen Frauen. Die Hausfrau wird von berufstätigen Frauen angefeindet und belächelt, die Mutter, die selbstbewusst ihre Karriere verfolgt, als Rabenmutter abgetan. Wer ständig mit seinen Kindern bastelt, für sie backt und ihnen vorliest, bekommt auf Instagram vielleicht ein bisschen Anerkennung, gilt aber bei anderen Müttern gleichzeitig als verdammt spießig und viel zu gluckig. Zu viel Spielzeug, zu viel Medienkonsum, zu viel Fast Food – für all das gibt es dagegen nur Kopfschütteln. Kein Wunder, dass jeder Fehltritt anderer Eltern in diesem Gedankenkarussell zur erleichternden Bestätigung wird, wie gut wir selbst die Erziehung unserer Kinder im Griff haben. Das Absurde an diesem ganzen Wettbieten um den Titel »Spitzenmutter des Jahres«: Statt gemeinsam etwas zu ändern und gegen den gesellschaftlichen Druck der überhöhten Mutterrolle anzukämpfen, reiben sich die Frauen in Grabenkämpfen auf. Umso wichtiger ist es, so früh wie möglich auf die Bremse zu treten und Betreuung, Haushalt, Beruf viel pragmatischer und gleichzeitig selbstbewusster anzugehen. Schließlich ist es ohnehin ein Trugschluss, dass ihr nur ein perfektes Leben führt, wenn alles perfekt läuft und zu hundert Prozent den gesellschaftlichen Erwartungen entspricht.

Tatsächlich sind Menschen, die entspannt durchs Leben gehen, Dinge nehmen können, wie sie kommen, und sich selbst Fehler zugestehen, deutlich glücklicher und zufriedener. Sie sind überzeugter von sich und brauchen keine lange Liste von Dingen, die zuerst eintreten müssen, bevor ihr Leben perfekt ist. Sich mit anderen zu vergleichen ist dagegen der beste Weg, unglücklich zu werden.[45] Tatsächlich passt eine pragmatische Haltung viel mehr zum Alltag mit Kind, in dem ohnehin kaum etwas kontrollier- oder planbar erscheint und in dem täglich improvisiert werden muss. Umso wichtiger sind Flexibilität und eine große Portion Entspanntheit – will das Kind Milchschnitte und Marmeladenbrot mit in die Kita nehmen, könnt ihr am Morgen eine große Grundsatzdiskussion um gesunde Ernährung führen und wild streiten oder einfach fünfe gerade sein lassen. Will das Kind bei dreißig Grad in Gummistiefeln auf den Spielplatz: Warum nicht, egal was die anderen denken? Schon wieder Gemüse aus der Dose, schon wieder in Jogginghose auf dem Spielplatz? Die eigene Wohnung sieht nicht aus wie eine »Schöner-Wohnen«-Reportage, und nach drei Kindern kommt der Sport und der Schlaf manchmal zu kurz. Doch wen interessiert das? Ihr solltet euch viel öfter gegenseitig Sätze sagen wie »Du musst nicht perfekt sein« oder noch besser »Du bist perfekt, so wie du bist«. Im *Work-&-Family*-Podcast von Stephanie Poggemöller stieß ich auf zwei gute Tipps für die Momente, in denen euch ein besonders schlechtes Gewissen plagt.[46] Fragt euch ruhig nach dem Worst-Case-Szenario – was ist das Schlimmste, was passieren kann? Bei genauer Betrachtung sind die meisten Dinge, die an unserem Gewissen nagen, gar nicht so dramatisch. Das Kita-Fest versinkt nicht im Chaos, wenn wir mal nicht an der Organisation beteiligt sind. Unsere Kinder tragen keine schweren Schäden davon, wenn sie drei Folgen *Paw Patrol* hintereinander schauen. Eine Woche im Lieblingshoodie ist auch kein Weltuntergang, gerade in Zeiten von Homeoffice und Video-Konferenzen. Außerdem könntet ihr euch die Frage stellen, ob ihr euch auch in drei Tagen, drei Monaten und in drei Jahren noch über die Situation ärgern werdet. Auch hier lautet die Antwort meistens Nein. Margrit Stamm rät in ihrem Buch zu einem neuen, wie ich finde sehr passenden Bild der »hinreichend guten Mutter«.[47] Sie darf Fehler machen, muss eben nicht immer perfekt sein, sie darf die eigenen Bedürfnisse befriedigen, sie darf sich selbst mögen und nach Autonomie von Mann und Kindern streben. Auf dem Weg dorthin sind auch wir Väter gefragt. Wir müssen nicht nur so viel Zeit wie möglich mit dem Nachwuchs verbringen, sondern eben auch die eher undankbare Hausarbeit übernehmen, und zwar selbstständig und nicht nur auf Geheiß unserer Partnerin. Dadurch wird der Druck auf uns Eltern insgesamt abnehmen, und wir gewinnen mehr Zeit und Raum – nicht nur für die Kinder, sondern eben auch für die eigenen Bedürfnisse und die Partnerschaft. Beides dürfen wir auf gar keinen Fall vernachlässigen, nur weil wir plötzlich Eltern sind und sich vieles um unsere Kinder dreht.

Warum Selfcare so wichtig ist: Für uns sind vor allem wir selbst verantwortlich

»*Im unwahrscheinlichen Fall eines Druckverlusts fallen automatisch Sauerstoffmasken aus der Kabinendecke. Ziehen Sie die Maske ganz zu sich heran und drücken Sie sie fest auf Mund und Nase. Atmen Sie normal weiter. Helfen Sie danach Kindern und hilfsbedürftigen Menschen.*«

(Aus der Sicherheitseinweisung im Flugzeug)

Ein kleines Baby braucht unsere ganze Aufmerksamkeit, ohne unsere Fürsorge kann es nicht überleben. Die Bedürfnisse des Kindes gerade am Anfang über alle anderen zu stellen, ist gut und richtig. Vermutlich ändert sich die Haltung »Meine Kinder kommen an erster Stelle« bei den meisten Eltern nie. Auch das ist gut so – jedenfalls bis zu einem gewissen Grad. Leider vergessen viele Mütter (und manche Väter) über das ganze Kümmern schnell sich selbst – zu viele kindliche Bedürfnisse wollen erfüllt sein. Gedanken an eine Auszeit fühlen sich dagegen egoistisch und damit falsch an. Das liegt auch an unserer Prägung – wir sagen immer noch zu Kindern: »Du willst nicht, du möchtest.« Dazu kommt ein geradezu toxisches Mütterbild. Ich spreche an dieser Stelle bewusst von Müttern. Denn sie haben die größten Schwierigkeiten, an sich selbst zu denken und den eigenen Bedürfnissen Platz im Alltag einzuräumen. Und ja, Kinder geben uns viel zurück, aber sie »rauben« eben auch viel Energie. Wir haben als Eltern kaum noch Momente allein, oft bleibt kaum Zeit für die Selbstfürsorge, geschweige denn für Sport, die Badewanne oder ein gutes Buch. Gleichzeitig haben wir eine große Verantwortung für unsere eigenen Bedürfnisse. Denn nur wenn wir bei uns sind und genug Kraft und Energie haben, können wir auch aufmerksame und zugewandte Eltern sein und den Herausforderungen des Familienalltags angemessen begegnen. Und das ist erst der Anfang. Hält ein Erschöpfungszustand dauerhaft an, sind Burnout und andere psychische Erkrankungen die Folge.[48] Doch schon vorher spürt jeder von uns, dass mit langsam aufsteigender Müdigkeit und Kraftlosigkeit auch die Nervenseile dünner werden. Deshalb schimpfen wir am Morgen kurz vor dem Aufbruch in die Kita oder am späten Nachmittag vermutlich am meisten (und bei genauer Betrachtung auch grundlos). Haben wir aber genug Kraft, können wir das Trödeln und den ganzen wunderbaren Blödsinn unserer Kinder nur weglächeln. Natürlich haben wir auch eine Vorbildfunktion. Es ist wichtig, dass wir unseren Kindern einen gesunden Egoismus vorleben und ihnen zeigen, dass eine Aufopferung bis zur totalen Erschöpfung keinesfalls erstrebenswert ist. Alles für sein Kind oder seine Familie zu geben, mag vielleicht im ersten Moment selbstlos erscheinen. Doch wenn ihr nicht Rücksicht auf euch nehmt, werden darunter euer Familienleben, eure (Lebens)Freude und Leichtigkeit leiden. Deshalb solltet ihr euch selbst im Auge behalten und bewusst Freiräume und Zeit für euch schaffen. Doch wie gelingt das? Tolle Anregungen dazu habe ich in der Selbstfürsorge-Episode[49] des hörenswerten *Mama-in-Balance*-Podcasts der systemischen Coachin Hanna Drechsler entdeckt.

Für den **ersten Schritt** empfiehlt Hanna, über **die eigenen Kraftreserven** nachzudenken. Wofür braucht ihr im Alltag viel Energie? Im ersten Jahr fällt die Antwort leicht: Zeit mit dem Baby, Stillen oder Füttern, vielleicht noch Kochen oder andere Aufgaben im Haushalt. Den Energiefressern stellt ihr eure Energiequellen gegenüber, also alles, woraus ihr im Alltag Kraft schöpfen könnt. Oft sind das ganz einfache Dinge – auch wenn die in der ersten Zeit mit Baby oft echter Luxus sind: Essen und Trinken, ausreichend Schlaf, eine Dusche, Bewegung an der frischen Luft, vielleicht noch Freund*innen, nette Gespräche mit dem Partner oder der Partnerin, überhaupt Paarzeit, ermöglicht durch Bekannte und Verwandte, ein gutes Buch im Bett. Im Idealfall halten sich »Einnahmen« und »Ausgaben« die Waage. Natürlich gibt es gerade mit kleinen Kindern immer wieder Phasen mit sehr wenig Schlaf und wenig Zeit für sich. Aber genau das sollten Phasen bleiben, nach denen ihr eure Kraftreserven unbedingt wieder auffüllen solltet. Wie das Wort Selbstfürsorge schon andeutet, habt ihr dieses »Auffüllen« selbst in der Hand. Dafür müsst ihr euch allerdings erstmal über eure kleinen und großen Bedürfnisse klar werden.

Nach der eigenen Energie-Bilanz geht es im **zweiten Schritt** darum, **die eigenen Grundbedürfnisse im Blick zu behalten.** Das klingt eigentlich ganz einfach. Ziel ist, regelmäßig innezuhalten und sich einmal kurz zu fragen: Wie geht es mir gerade? Habe ich heute schon genug getrunken und gegessen, mich ausreichend bewegt oder genug geschlafen? Habe ich mich heute schon mit jemandem unterhalten? Gerade in der ersten Zeit mit Baby fallen selbst diese Grundbedürfnisse oft hinten runter. Deshalb solltet ihr euch bewusst Zeit dafür nehmen. Also vielleicht kannst du als Mama duschen, während morgens oder abends dein Mann Zeit mit dem Kind verbringt. Oder du legst dich eine Stunde am Nachmittag hin, während die beste Freundin oder die Großmutter sich mit dem Baby beschäftigt. Auch ein gemeinsamer Spaziergang mit einer anderen Mutter oder eine entspannte Tasse

Tee gehören zur »Grundversorgung« der eigenen Bedürfnisse. Die gute Nachricht: Die Erfüllung dieser Grundbedürfnisse im Alltag regelmäßig zu überprüfen, tut unheimlich gut und wird auch mit etwas Disziplin schnell zur Routine. Die »schlechte« Nachricht: Die Grundbedürfnisse sind erst der Anfang.

Im **dritten Schritt** geht es darum, sich bewusst Kraftquellen für den Alltag zu suchen und sie einzufordern – eine ruhige Viertelstunde für sich, Yoga oder Auspowern beim Fitness-Kurs, den Hobbys nachgehen, Singen im Chor oder einfach eine Radtour in der Natur. Hanna Drechsler gibt in ihrem *Mama-in-Balance*-Podcast dazu einen zweiten tollen Tipp: Und zwar macht es Sinn, sich eine Liste mit Aktivitäten für Auszeiten anzulegen. Ihr kennt das bestimmt, wenn ihr plötzlich Freizeit habt und nicht wisst, was ihr damit anfangen sollt. Ein Blick auf die Liste – idealerweise an prominenter Stelle im Haus oder in der Wohnung aufgehängt – hilft bei der Auswahl und verhindert, dass ihr die halbe Stunde ohne Baby doch für den Haushalt nutzt. Nicht falsch verstehen: Das muss auch erledigt werden, füllt aber leider eure Energiereserven nicht wieder auf. Schaut stattdessen nach Auszeiten, die euch guttun und in euren Alltag mit Baby passen. Wenn ihr nicht mehr regelmäßig zum Yoga-Kurs gehen könnt oder wollt, ist vielleicht ein Sonnengruß vor dem Frühstück und ersten Stillen eine gute Alternative. Auch müssen die Auszeiten nicht immer ohne Kind stattfinden, ich zum Beispiel fand es immer sehr erholsam, mit dem Kinderwagen vor die Tür zu gehen und ausgiebige Spaziergänge zu machen. Wenn mein Sohn dabei einschlief, habe ich Podcasts oder Musik gehört.

Weil jeder unterschiedliche Ansprüche und Bedürfnisse an Auszeiten hat, macht es Sinn, einmal genauer über die eigenen Vorlieben nachzudenken. Dafür solltet ihr euch bewusst Zeit nehmen. Irgendwo zwischen Breikochen und Windelwechseln hat dieses Nachdenken kaum Platz. Außerdem macht Stress doof und behindert das Denken. Also nehmt euch für die Suche nach sinnvollen Auszeiten ruhig mal ein wenig Zeit, am besten allein und in angenehmer Atmosphäre. Dabei könnt ihr auch gleich darüber nachdenken, wie ihr die neuen Routinen in euren Alltag integrieren wollt. Denn für eure Kraft-Momente solltet ihr schließlich nicht nur auf spontane Freizeit hoffen, sondern eben auch feste Freiräume einplanen – vielleicht sogar mit verlässlichen Terminen und eigenem Eintrag im Familienkalender. Das macht sie verbindlich und dient der Motivation in schwierigen Phasen mit wenig Schlaf und schreiendem Baby. Freiräume und babyfreie Zeit stehen selbstverständlich Müttern und Vätern gleichermaßen zu und müssen entsprechend gut organisiert und besprochen werden. Gleiches gilt übrigens auch für die Paarzeit. Auch hier solltet ihr euch ruhig regelmäßige Auszeiten einplanen – gemeinsames Kochen, wenn die Kinder im Bett sind, gutes Essen vom Lieblingsitaliener zum Abendbrot oder in Zeiten von Homeoffice in der Mittagspause oder ein Paarabend, während die Großeltern auf euren Nachwuchs aufpassen. Ihr werdet schnell feststellen: Wenn ihr täglich eure Grundbedürfnisse im Auge behaltet und euch auch Freiräume schafft, ist das ein großer Gewinn für alle – für euch selbst, für die Beziehung zu eurem Kind und für eure Partnerschaft. Und genau deshalb ist Selbstfürsorge auch so ein wichtiger Teil von Vereinbarkeit. Doch nur mit Auszeiten ist es nicht getan: Ein wichtiger, oft unterschätzter Aspekt der Selbstfürsorge ist die positive, innere Haltung zu sich selbst.

Selbstfürsorge ist auch Selbstliebe

Wir sollten uns selbst gegenüber genauso verständnisvoll und großzügig sein, wie wir es zu unseren Kindern sind. Wir sollten als Eltern nicht nach Perfektion streben, uns möglichst von den Erwartungen anderer befreien und stärker auf uns und unsere Familie schauen. Zu dieser selbstfürsorglichen Haltung gehört auch, sich häufiger selbst zu loben. Ein schönes Ritual empfahl mir Coach Jörg Kundrath: Abends beim Zähneputzen oder kurz vor dem Einschlafen ruft ihr euch die drei schönsten Momente des Tages oder drei Dinge, die heute wirklich gut geklappt haben, in Erinnerung. Das müssen gar keine großen Leistungen sein – vielleicht lief es am Morgen weitestgehend ohne Schimpfen und Tränen, vielleicht hattest du ein nettes Gespräch mit einer Freundin oder du hast es geschafft, in Ruhe deinen Kaffee auszutrinken. Dieses Lob stärkt die Liebe zu euch selbst und schafft den Freiraum, sich von Erwartungen anderer wenigstens etwas zu befreien und stärker auf euch selbst zu schauen. Natürlich könnt ihr dafür auch das Gespräch mit dem Partner oder der Partnerin suchen und euch gegenseitig erzählen, was gut geklappt hat und welche schönen Momente es für euch gab – mit Kindern oder im Büro.

Nach einem ähnlichen Prinzip funktioniert auch der Umgang mit schlechten Momenten. Ihr kennt das sicher: Manchmal liegt man im Bett und merkt, dass man abends wieder zu viel mit seinem Kind gemeckert und ihm morgens vor der Arbeit viel zu wenig Aufmerksamkeit geschenkt hat. Am Rande einer Konferenz sprach ich mit einem Kinderschutz-Experten über dieses Gefühl. Er gab mir Folgendes mit auf den Weg: Selbst die tollsten und liebevollsten Eltern der Welt machen pro Tag mindestens zwanzig oder dreißig Fehler im Umgang mit dem Kind. Viel wichtiger ist es, sich einzugestehen, dass man einen Fehler gemacht hat, nach Alternativen oder Auswegen zu suchen und sich auch mit dem anderen Elternteil darüber auszutauschen. Redet euch ruhig den Frust von der Seele, hadert aber nicht zu lange. Für besonders wichtig halte ich dabei das Gespräch mit dem Kind selbst. Auch wenn euch das Baby noch nicht versteht, hilft es ungemein, nach einem schlechten Moment das eigene Verhalten zu erklären und sich zu entschuldigen. »Papa hat gerade etwas laut geschimpft. Das wollte ich aber nicht, aber mich bewegt gerade etwas anderes oder ich bin selbst gerade müde. Es tut mir leid.« Nach der Entschuldigung beginnt ihr neu und tragt einander nichts nach. Schlechte Momente schnell abzuhaken, ist ohnehin eine tolle Strategie gegenüber den Kindern, aber auch euch selbst – gerade an schwierigen Tagen.[50] Wenn es euch gelingt, eine positive Haltung gegenüber eurer eigenen Person zu entwickeln und euch auch Fehler zu verzeihen, fällt es leichter, euch von ständigen Vergleichen und der Suche nach Bestätigung durch andere zu lösen – nicht gänzlich, aber in einem gesunden Maße. Und das ist immens wichtig, wenn ihr in Sachen Vereinbarkeit und Rollenbilder andere Wege gehen wollt. Das braucht nämlich ein gewisses Selbstbewusstsein und ist ein wichtiger Faktor für persönliche Zufriedenheit: »Glücklich sind die Menschen erst, wenn sie mit sich selbst zufrieden und nicht von der Bestätigung anderer abhängig sind« – dieser kluge Satz stammt von Paartherapeut Christian Hemschemeier.[51] Er geht sogar noch weiter und sieht die Selbstliebe als Grundlage für eine glückliche Beziehung.

Paar bleiben im ersten Jahr: Pragmatisch wird zum neuen Romantisch

Irgendwie machen Kinder doch unsere Partnerschaft vollkommen. Sie sind die nächste Stufe nach vielen Jahrestagen und vielleicht einer Hochzeit. Was wir in kinderlosen Tagen noch nicht ahnen: Ein Kind wird nicht nur unser Leben, sondern auch unsere Paarbeziehung grundlegend verändern. Intimität, Sex oder auch nur Zeit zu zweit werden in den ersten Wochen, Monaten, manchmal auch Jahren zu einem raren Gut. Dazu kommen neue Konflikte, neue Herausforderungen. Die Forschungsergebnisse sind auf den ersten Blick wenig erbaulich. Die Lebensfreude von Paaren sinkt nach der Geburt des ersten Kindes zunächst.[52] Zwei Drittel aller Eltern fühlen sich von ihrer neuen Rolle überfordert und leiden unter dem hohen Erwartungsdruck. Bei etwa der Hälfte aller Scheidungen haben die Eheleute minderjährige Kinder. Vierzig Prozent der Trennungen finden sogar schon im ersten Jahr statt.[53] Na gut, richtig verwundert das jetzt nicht: Immerhin ist gerade diese Zeit eine große Herausforderung für die Beziehung. Das bestätigt auch Paartherapeutin Marga Bielesch im Gespräch. Das ganze Leben wird auf den Kopf gestellt. Man ist nicht mehr selbst-, sondern durch das Kind (fremd-)bestimmt. Die Paartherapeutin spricht von einer »Verknappung von Ressourcen«. Wir Eltern bekommen weniger Schlaf, sprechen seltener mit anderen Menschen, verlieren ein wenig den Anschluss zur Welt dort draußen und leben mit dem Baby oft in einem Mikrokosmos. Gemeinsame Zeit ist eher die Ausnahme. Oft bleiben keine inneren Kapazitäten, um sich wieder als Paar zu fühlen, geschweige denn Lust aufeinander zu haben. Das gilt oft vor allem für die Mütter, weil das Baby sie die ganze Zeit fordert. Männer kehren oftmals in den Berufsalltag zurück und haben dadurch eine andere Erlebenswelt. Schnell entsteht der Eindruck eines Ungleichgewichts – der eine Partner fühlt sich von der Welt der Erwachsenen ausgeschlossen, der andere vielleicht von der Welt des Kindes. Dazu kommt das Gefühl, nicht mehr begehrt oder interessant zu sein. Im schlimmsten Fall entstehen daraus viel zu hohe Erwartungen aneinander, Vorwürfe und Streit.

Wenn ihr diesen Abschnitt kinderlos, schwanger oder mit einem Baby auf dem Arm lest und nun sorgenvoll in die Zukunft blickt, kommt hier die Entwarnung. Natürlich gibt es auch genug junge Eltern, die voll in ihrem neuen Leben aufgehen, das erste Jahr mit all seinen Höhen und Tiefen gut überstehen und sogar gestärkt und noch inniger miteinander verbunden aus dieser besonderen Zeit hervorgehen. Trotzdem wird es auch bei glücklichen Eltern Konflikte und Streit geben – das ist völlig normal. Zu dem Gefühl der Fremdbestimmung kommt schließlich noch eine große Unsicherheit, die an uns nagt und uns Kapazitäten für Intimität nimmt. Niemand kann uns auf das Elternsein vorbereiten. Und ein kleines Kind stellt uns fast täglich vor unbekannte Herausforderungen. Deshalb sind gerade am Anfang in der Partnerschaft und Liebesbeziehung Geduld, Gelassenheit und Toleranz gefragt. Sorgt euch bitte nicht, wenn heiße Leidenschaft und wilder Sex von vollen Windeln, Still-BHs und schlaflosen Nächten verdrängt werden. Wenn ihr ohnehin auf dem Zahnfleisch lauft, sind andere Bedürfnisse wichtig – mal einen Morgen aus- oder eine Nacht durchschlafen, ein Nachmittag ohne Kochen oder mal nicht putzen oder aufräumen müssen. Oder einfach eine Serie oder einen Film auf dem Sofa schauen, zum Abschalten, gerne auch zu zweit. Trotzdem solltet ihr euch Zeit als Paar nehmen und im Gefühl bleiben, nur eben ohne romantische Feuerwerke zu erwarten, rät Marga Bielesch. Regelmäßige Gespräche und emotionale Nähe sind in dieser Zeit deutlich wichtiger. Besonders über die eigenen Gefühle – positive und negative gleichermaßen – und gegenseitige Erwartungen aneinander sollet ihr euch regelmäßig und vor allem konstruktiv austauschen. Nur so kann sich die Beziehung weiterentwickeln und können Konflikte schon früh behoben werden. Deshalb rät Marga Bielesch Paaren, immer wieder das Gespräch und die Zweisamkeit zu suchen, auch in Phasen, in denen man sich nicht so nah fühlt und sich nicht viel Neues zu sagen hat. Auch wenn das manchmal Überwindung kostet, ist es wichtig, sich selbst immer wieder neu mitzuteilen und bewusst in die Beziehung zu investieren. Dabei muss es übrigens gar nicht viel Zeit sein: Schon fünf Minuten am Tag können sehr wertvoll sein, um zu fragen, wie es dem oder der anderen gerade geht. Versucht dabei, möglichst wenig über das Kind oder die Arbeit, sondern vorrangig über eure Gefühle und die Partnerschaft zu sprechen. Was gemeinsame Momente sehr erleichtert: Bitte scheut euch nicht, Hilfsangebote von Verwandten und Freund*innen auch wirklich anzunehmen. Wenn jemand sich zum Babysitten anbietet, kann das eine große Erleichterung sein und Raum für Zeit zu zweit oder auch alleine schaffen. Gleiches gilt für andere Unterstützungsangebote wie eine Putzkraft oder den Lieferservice für Lebensmittel. Kurz, alles was für Entlastung sorgt. Die dabei gewonnene Zeit ist viel wertvoller als ein Luxusurlaub oder die teure Babyausstattung. Natürlich müsst ihr nicht jede gewonnene Minute als Paar verbringen. Im Abschnitt über Selbstfürsorge haben wir ja bereits gelernt, dass Zeit für sich selbst mindestens genauso wichtig ist wie gemeinsame Aktivitäten. Schließlich kann es uns in der Partnerschaft nur dauerhaft gut gehen, wenn wir auch nach uns selbst schauen. Wenn sich einer oder beide Elternteile in einem chronischen Überlastungszustand befinden, gibt es noch weniger Raum für das Miteinander als ohnehin schon. Deshalb tut jede Auszeit für sich selbst auch der Partnerschaft gut.

Wie sorgen wir für Entlastung im Alltag?

Wir müssen als Mutter oder Vater nicht alles alleine schaffen – auch wenn das vielleicht als taff oder effektiv gelten mag. Wir dürfen uns ruhig unserer Grenzen bewusst sein und ohne schlechtes Gewissen um Hilfe bitten. Gerade in der ersten Zeit mit Baby ist das immens wichtig. Nehmen wir einen klassischen Tag in Elternzeit: Das Baby hat sich den Vormittagsschlaf gespart und ist entsprechend mies gelaunt. Eigentlich müsste die Spülmaschine ausgeräumt und das Wohnzimmer aufgeräumt werden. Doch ihr habt es nicht mal geschafft zu duschen. Und die Nacht war mal wieder eine Katastrophe. Mit dem Baby auf dem Arm, die bleierne Müdigkeit im Nacken, im Schlabberlook wächst mit jeder Stunde die Frustration und das Gefühl von »Alles muss ich alleine machen«. Umso wichtiger ist es, sich Entlastung und Unterstützung für die Zeit mit Baby zu holen – denn auch Super-Mamas und Super-Papas wie ihr müssen nicht alles ohne Hilfe schaffen, sondern dürfen sich ihre ganz persönliche Justice League aufbauen.

Wer kann uns helfen?

Wichtig für die Vereinbarkeit sind nicht nur wir als Eltern. Ein wichtiger Faktor ist auch die Hilfe von außen. Freund*innen und Verwandte verschaffen uns kurze Momente des Durchatmens, Kita oder Tagesmutter beziehungsweise -vater ermöglichen den Wiedereinstieg in den Beruf. Deshalb soll es jetzt um Hilfe von außen gehen.

- Habt keine falsche Scham, euch selbst und anderen einzugestehen, dass es euch manchmal zu viel wird. Großeltern, Verwandte, Freund*innen oder Nachbar*innen bieten oft ihre Hilfe an. Solche Angebote solltet ihr unbedingt annehmen. Oft sind schon kleine Hilfen im Alltag viel wert – eine Stunde das Kind mit der Rassel zu bespaßen, während ihr duscht und einen Tee trinkt, etwas vom Einkaufen mitzubringen oder das größere Geschwisterkind von der Schule oder aus dem Kindergarten abzuholen. Besonders hilfreich sind gerade am Anfang auch »Essenslieferungen« aus eurem privaten Umfeld. Kochen mit Baby auf dem Arm ist nämlich ziemlich kompliziert.
- Mit solchen Mini-Unterstützungen fällt es leichter, an sich selbst zu denken und etwas Kraft zu tanken. Niemand kann immer 100 Prozent Mama oder Papa sein. Jeder braucht ab und an eine Auszeit, Zeit zum Durchatmen und Kraft tanken. Deshalb solltet ihr Pausen direkt einplanen und aktiv einfordern – vor allem durch die Unterstützung eures Partners oder eurer Partnerin, manchmal auch durch Freunde und Verwandte. Gleichberechtigung spielt dabei eine große Rolle: Engagieren sich Mütter und Väter auf gleiche Weise, muss sich niemand

benachteiligt fühlen, jeder kann sich bei Bedarf ausklinken. Nach der Pause fallen die Rückkehr in den Familienalltag und die Zuwendung zum Kind deutlich leichter. Wer diese Pausen dagegen nicht einfordert, gefährdet im Zweifel seine Gesundheit – mögliche Folgen sind ein geschwächtes Immunsystem, Stimmungsschwankungen und dünne Nerven. Nach Unterstützung zu fragen, ist dafür die beste Prävention. Auch wenn es schwerfällt, manchmal macht es auch Sinn, nicht erst zu warten und Menschen im eigenen Umfeld direkt anzusprechen. In der Regel stoßt ihr dabei auf offene Ohren und viel Verständnis. Ein weiterer Vorteil: Wenn ihr euch frühzeitig Unterstützungssysteme schafft – egal ob durch andere Eltern, Babysitter oder die Großfamilie –, könnt ihr diese auch später nutzen. Natürlich ist Hilfe keine Einbahnstraße. Bitte denkt deshalb auch darüber nach, wie ihr euch revanchieren könnt. Den Großeltern ist vielleicht die schöne Zeit mit dem Enkel Lohn genug. Der besten Freundin könntet ihr hingegen einen Blumenstrauß mitbringen, sie zum Kaffee einladen oder eben ihr ebenfalls im Alltag Hilfe anbieten.

- Insgesamt tut ihr gut daran, Perfektion über Bord zu werfen. Perfekt gebügelte Hemden und Pullover, ein aufgeräumtes Wohnzimmer, Makeup und frisierte Haare, ein warmer Kaffee – all das ist Luxus von Kinderlosen. Viele werdende Eltern unterschätzen, wie viel Zeit und Aufmerksamkeit die Bedürfnisse des Babys in Anspruch nehmen. Dementsprechend müsst ihr lernen, Perfektion über Bord zu werfen, Abstriche zu machen und Aufgaben abzugeben. Vielleicht kann auch der Nachbarsjunge für ein kleines Taschengeld den Rasen mähen, vielleicht kann das Essen wenigstens an ein oder zwei Tage pro Woche vom Bringdienst kommen, vielleicht lohnt sich auch eine Putzkraft, die einmal pro Woche sauber macht. Solche Hilfen sind wichtig, um mehr Kraft und Zeit für das Kind und euch selbst zu haben. Natürlich lohnt sich auch die Anschaffung von automatischen Haushaltshelfern. Meine Hitliste: Spülmaschine und Wäschetrockner, ein Staubsauger- und Wisch-Roboter und Einkaufen beim Online-Lieferdienst einer großen Supermarkt-Kette. All das spart viel Arbeit und damit auch Zeit, die ihr für eure Familie habt.

Kurse und Austausch mit anderen Eltern

Im ersten Jahr der Babyzeit geht ein Elternteil tagsüber arbeiten. Auch bei der Verwandtschaft und den Freunden ebbt nach wenigen Wochen die erste große Begeisterung über das neue Baby wieder ab. Und plötzlich können die Tage als Mutter oder Vater in Elternzeit sehr lange und einsam werden. Umso wichtiger ist es, sich eine neue »Schicksalsgemeinschaft« zu schaffen – damit meine ich bewusst andere Eltern in Elternzeit. Natürlich sollte niemand die alten Freund*innen vernachlässigen. Gleichzeitig ticken die Uhren mit kleinem Baby völlig anders als bei Eltern mit größeren Kindern oder gar kinderlosen Menschen. Deshalb solltet ihr euch unbedingt Kontakte suchen, die gerade auch einen Säugling zu Hause haben und deshalb eure Sorgen und Gedanken verstehen und teilen. Die erste gute Möglichkeit dazu ist der Geburtsvorbereitungskurs. Dort könnt ihr mit anderen Müttern und Vätern ins Gespräch kommen und wertvolle Kontakte für die Zeit danach knüpfen. Der Vorteil: Die meisten Teilnehmer*innen wohnen in eurer Nähe, und der Geburtstermin liegt ähnlich. Also ruhig Nummer austauschen und in Verbindung bleiben. Eine weitere tolle Gelegenheit, den Alltag zu strukturieren und neue Eltern-Freundschaften zu knüpfen, sind Eltern-Kind-Kurse. Hier lernt ihr nicht nur andere Mütter und Väter kennen, sondern tut im besten Fall auch etwas für die Bindung zu eurem Kind. Das Angebot dazu ist vielfältig. Zwei sehr gängige Angebote sind Pekip und Delfi-Kurse. Pekip steht für *Prager Eltern-Kind-Programm* und Delfi für *Denken Entwickeln Lieben Fühlen Individuell*.[54] Die Ansätze sind recht ähnlich – jedenfalls aus meiner ungeschulten Sicht als Papa. Einmal pro Woche treffen sich die jungen Eltern mit ihren Babys. Sie tauschen sich über ihren Alltag aus und bekommen Impulse für das Miteinander mit dem Kind. Zum Beispiel wird über kindliche Entwicklungsschritte und Spielanregungen für das Kind gesprochen. Außerdem liegt der Fokus in dieser Zeit ganz auf dem Kind, ohne Ablenkung durch Haushalt und Co. Das hilft vielen Eltern, den Nachwuchs und seine Bedürfnisse besser kennen und verstehen zu lernen. Meine Frau kam jedenfalls jedes Mal mit vielen neuen Ideen und Impulsen zurück, auf die wir ohne Kurs vermutlich nie gekommen wären. Natürlich wird auch viel gesungen, es gibt Raum für Gespräche über die Beziehung, den Alltag in Elternzeit und natürlich auch die Kinder oder eine Reflexion über die Geburtserfahrung. Die Babys krabbeln nackig und freudig durcheinander, kommen mit Gleichaltrigen in Kontakt und können mit Bällen oder Seidentüchern spielen. Viel Freude haben mir als Papa das Babyschwimmen und ein Babymassage-Kurs gemacht. Ich kann nur jedem Vater raten, eine dieser Gruppen zu besuchen. Auch wenn ihr oft alleine unter Frauen seid, ist das eine tolle Gelegenheit, euer Kind nochmal ganz anders zu erleben und neue Anregungen für den Umgang mit dem Kind zu bekommen. Außerdem könnt ihr den Kursleiter*innen eure vielen

Baby-Fragen stellen – sie kennen sich in der Regel sehr gut mit der kindlichen Entwicklung aus. Auch Elterncafés oder offene Spielgruppen sind lohnende Anlaufstellen für Väter und Mütter in Elternzeit. Übrigens gibt es in vielen größeren Städten auch Angebote speziell für Väter in Elternzeit. **Ein Profi-Tipp vom Papa:** Es macht Sinn, sich schon vor der Geburt über die Kursangebote in der eigenen Umgebung zu erkundigen. Oft sind gerade die guten Angebote heiß begehrt und die Wartelisten lang.

Natürlich trefft ihr andere Eltern auch auf der Straße, am Windel- und Breiregal des örtlichen Supermarkts oder auf dem Spielplatz – auch diese Begegnungen könnt ihr zum Austausch nutzen. Einfach ansprechen und auf ein Playdate oder zum Spazierengehen verabreden. Von Kursen und Treffen haben übrigens alle was. Die Kinder bekommen neue Eindrücke und können mit Gleichaltrigen spielen, und für uns Eltern ist diese Zeit mit anderen Erwachsenen oft eine große Entlastung. Wenn man gemeinsam auf die Kinder aufpasst, bleibt mehr Zeit für Entspannung und Quatschen.

Außerdem kann man mal mit anderen über Sorgen sprechen oder mal Fragen zu leckerem Brei, Einschlafliedern und günstigen Kleiderangeboten loswerden. Oft trifft man dabei auf viel Verständnis und bekommt tolle Tipps. Doch Achtung: So viel Freude und Entlastung Kurse und Treffen auch bringen mögen, ihr solltet euren Elternzeit-Alltag auch nicht überfrachten. Zwei oder drei Termine pro Woche reichen völlig. Mehr ist für Kind und Eltern oft zu anstrengend.

Mein Dorf und seine Grenzen. Eine Mutter erzählt

Marie erwartet gerade ihr zweites Kind. Gemeinsam mit ihrem spanischen Mann lebt die Deutsch-Amerikanerin in einer norddeutschen Großstadt – weit weg von Großeltern und Geschwistern. Für den Alltag haben sich die beiden deshalb ein eigenes Dorf in der Stadt geschaffen. Eine große Erleichterung einerseits – andererseits nicht mit familiären Strukturen zu vergleichen.

Ich bin in den letzten zwanzig Jahren oft umgezogen und habe in vielen verschiedenen Städten im In- und Ausland gelebt – meistens weit weg von meiner Familie. Ich habe mich also daran gewöhnt, mir ein kleines Dorf aufzubauen, schon lange bevor ich selbst Mutter wurde. Zum Beispiel habe ich mich immer bei den Nachbar*innen vorgestellt und sie mal zum Kaffee eingeladen. So kann man sich darauf verlassen, dass jemand vertrauenswürdig Pakete annimmt, im Urlaub Pflanzen gießt oder den Stromableser von den Stadtwerken reinlässt. Solche kleinen Hilfen sind natürlich auch für Familien ungemein wichtig. Zum Beispiel ist unsere Babysitterin die Teenager-Tochter der Nachbarin. Ich kannte sie schon, ich mochte sie, ich hatte keine Bedenken, ihr mein Kind anzuvertrauen. Außerdem ist sie sehr flexibel und immer nur ein Stockwerk entfernt. Wir haben ihre Babysitter-Ausbildung bei der Stadt bezahlt. Seither ist sie eine wichtige Entlastung für unseren Familienalltag. Sie geht mit meinem Sohn auf den Spielplatz oder verbringt mit ihm Zeit, wenn ich wichtige Nachmittagstermine habe oder einfach mal eine Atempause brauche. Unterstützung kommt auch von der Haushaltshilfe. Er kommt alle zwei Wochen und macht unsere Bäder, die Küche und Böden. Das ist eine große Hilfe und gibt uns ein bisschen mehr Freizeit zurück. Eine tolle Entlastung in der ersten Zeit mit Baby war auch die Spiel- und Krabbelgruppe in der nahen Kirchengemeinde. Dort konnten mein Sohn und ich mehrmals pro Woche hingehen und unseren Vormittag verbringen. Das hat unserem Tag Struktur gegeben und mir etwas Freiraum verschafft. Ich konnte mich mit anderen Erwachsenen unterhalten und auch mal »nicht mehr können«. Mein Sohn hat mit den anderen Kindern gespielt, und ich konnte in der Küche durchatmen, einen Kaffee trinken oder auch weinen, weil die Nacht wieder beschissen war. Außerdem gab es dort immer Ansprechpartner*innen für die klassischen Elternfragen. Und bis heute profitieren wir von den Singspielen und Kinderliedern, die wir dort kennengelernt haben. Besonders das Liederbuch, das wir zum Abschied bekamen, holt mein Sohn immer noch gerne heraus.

Irgendwann wurde die Spielgruppe durch die Kita abgelöst. Mein Sohn ist mit 15 Monaten in die Krippe gekommen. Das war eine gute Entscheidung. Er liebt die Kita über alles, lernt dort unheimlich viel und hat außerdem Kontakt mit anderen Kindern. Außerdem bekommt er gesundes Essen und pädagogischen Input. Mit dieser Gewissheit fiel mir die Rückkehr an den Arbeitsplatz leichter. Dazu kam, dass mein Partner für ein halbes Jahr in Teilzeit ging, um den Übergang in die Kita zu begleiten. Natürlich ist die Kita auch eine Entlastung für unseren Nachmittag – wenn wir mal nur ungesundes Zeug futtern oder uns zu wenig bewegen, brauchen wir kein schlechtes Gewissen zu haben. Deshalb würde ich die Kita auch zu unserem sprichwörtlichen

Dorf zählen. Außerdem gehen wir regelmäßig zum offenen Kinderturnen. Auch das ist schön, um Nachmittage zu füllen und andere Kinder zu treffen. Natürlich haben wir auch in der Stadt einige Freunde, mit denen wir regelmäßig etwas unternehmen. Leider wohnen die Familien nicht in direkter Nähe, sondern immer ein paar S-Bahn-Stationen oder Autominuten entfernt. Das macht die schnelle gegenseitige Unterstützung im Alltag schwierig. Toll wären natürlich noch mehr Freund*innen in direkter Nachbarschaft, mit denen man sich Einkäufe, Kinderbetreuung oder auch das Kochen teilen könnte. So bleibt es eher bei Treffen am Wochenende. Das ist auch total wichtig und wertvoll. Gleichzeitig spüre ich, dass diese alltäglichen Hilfen keine familiären Strukturen ersetzen. Wir bekommen bald unser zweites Kind. Für die Entbindung und die erste Zeit in der Klinik wird nun meine Schwester aus Süddeutschland anreisen und uns unterstützen. Unsere Freund*innen haben alle selbst Familie und genug zu tun – mehr als vielleicht eine Mahlzeit oder einen Einkauf können wir da nicht einfordern. Die Verbindlichkeit für eine langfristige Entlastung gibt es oft nur in der eigenen Familie. Deshalb überlege ich seit einiger Zeit, wieder zurück in den Süden und damit näher an meine Eltern und Geschwister zu ziehen. Dafür müssten wir natürlich neue Jobs beginnen und uns wieder ein neues Dorf aufbauen. Meine Eltern und Geschwister wären dann aber nicht mehr eine Tagesreise entfernt, sondern vielleicht nur noch ein oder zwei Stunden Autofahrt.

Ohne Kita ist Vereinbarkeit kaum möglich

Bisher haben wir hinsichtlich Vereinbarkeit vor allem über euch als Familie gesprochen – also wie ihr euch als junge Eltern nicht verliert, Paar und Individuum bleibt, wie ihr Verantwortung für Kind und Haushalt gut verteilt. Das ist aus meiner Sicht ein immens wichtiger Teil von Vereinbarkeit, der in Debatten oft übersehen wird. Darin geht es um Beruf und Familie – aber viel zu wenig um euch als Eltern und das Miteinander als Familie. Gleichzeitig wird es nun Zeit, auch über die politischen Rahmenbedingungen von Vereinbarkeit zu sprechen – und einer der wichtigsten Faktoren ist dabei die Kinderbetreuung. Irgendwann neigt sich eure Elternzeit dem Ende entgegen, ihr kehrt an den Arbeitsplatz zurück und euer Kind kommt in die Krippe, zu einer Tagesmutter oder in den Kindergarten. In diesem Abschnitt möchte ich über die Suche nach einer passenden, verlässlichen und liebevollen Betreuung für euren Nachwuchs sprechen. Natürlich müsst ihr diese Entscheidung nicht erst am Ende der Elternzeit treffen. Ganz im Gegenteil: In vielen Städten und Gemeinden sind die Krippenplätze so knapp, dass Eltern schon in der Schwangerschaft oder kurz nach der Geburt von Einrichtung zu Einrichtung tingeln, um nach einem geeigneten Platz zu suchen. In Deutschland gehen immer mehr Kinder unter drei Jahren in die Kita oder werden von einer Tagesmutter betreut – 2020 lag die bundesweite Betreuungsquote bei knapp 35 Prozent. Im Osten waren knapp die Hälfte aller Kinder unter drei Jahren in einer Tagesbetreuung, im Westen ein Drittel[55] – Tendenz steigend. Gleichzeitig kommt der Kita-Ausbau nur schleppend voran, von fehlenden Erzieher*innen ganz zu schweigen. 2020 fehlten rund 342.000 Kita-Plätze.[56] Die Folge: Unzählige Eltern bekommen trotz Rechtsanspruch keinen Betreuungsplatz und müssen zu Hause bleiben. Das hat natürlich wirtschaftliche Folgen für die Familien und für die Unternehmen, denen Arbeitskräfte wegfallen. Nicht umsonst entdecken viele Firmen Kinderbetreuung als Wirtschafts- und Erfolgsfaktor für sich.[57] Was oft übersehen wird, sind die Folgen fehlender Kita-Plätze für die frühkindliche Bildung. Kindertagesstätten und Tageseltern ermöglichen schließlich nicht nur uns Eltern, arbeiten zu gehen, sondern sind in erster Linie eine wichtige Bildungsinstitution für unsere Kinder – jedenfalls, wenn die Betreuungsqualität stimmt. So ist ab einem Alter von zwei oder drei Jahren eine Betreuung außerhalb des Elternhauses aus entwicklungspsychologischer Sicht eine Bereicherung für das Kind. Positiv wirkt sich die Kita unter anderem auf die Sprachentwicklung, das Sozialverhalten und die psychische Gesundheit aus.[58] Vor allem profitieren die Kinder von dem regelmäßigen Kontakt zu Gleichaltrigen und zwar in einer Intensität, die Besuche beim Kinderturnen oder auf dem Spielplatz nicht bieten können. Es ist kein Geheimnis, dass Kinder am besten von anderen Kindern lernen und nicht unbedingt von den Eltern. Dazu kommt, dass in fast allen Kulturen der Welt Kleinkinder von mehr Menschen als nur der Mutter oder dem Vater betreut werden.[59] Kinderbetreuung außerhalb der Familie ist also gut und sinnvoll.

Wann ihr euer Kind in die Betreuung gebt – mit einem oder erst mit drei Jahren und welche Form ihr wählt, Tageseltern oder Krippe –, ist natürlich eine ganz individuelle Entscheidung, die von eurem Kind, euren eigenen Vorstellungen und eurer Lebenssituation abhängt. Hier kann und will ich euch keine Handlungsempfehlung geben. Aber ich kann von mir selbst berichten: Mein Sohn kam ein paar Wochen vor dem ersten Geburtstag in die Kita. Mit dieser Entscheidung haben wir uns immer wohlgefühlt. Es gab bisher kaum einen Tag, an dem er nicht gerne in die Krippe gegangen ist oder nun in den Kindergarten geht. Auch in seiner Entwicklung hat er stark von der Kita und den anderen Kindern profitiert – sprachlich, motorisch und vor allem im Sozialverhalten. Er teilt gerne, geht sehr vorsichtig mit kleineren Kindern um und ist ein unheimlich umgänglicher kleiner Mann. Ein dickes Lob geht an dieser Stelle an die tollen Erzieher*innen seiner Gruppe.

Ja, es gibt sicher Kinder, die erst mit zwei oder auch drei Jahren in die Betreuung gehen sollten. Aber das ändert nichts an (m)einer grundsätzlichen Befürwortung von externer Kinderbetreuung. Gründe dafür gibt es einige: Eine dreijährige Elternzeit ist für viele Familien finanziell einfach nicht umsetzbar. Auch nicht jede Mutter (oder in Ausnahmefällen auch Vater) hat Lust, drei Jahre zu Hause statt im Büro zu verbringen. Immerhin ist die eigene Berufstätigkeit nicht nur ein Wirtschaftsfaktor für die Familie, sondern eben auch ein Teil der eigenen Identität und Selbstverwirklichung. Doch natürlich geht es hier nicht nur um uns, sondern eben auch um die Kinder. Deshalb möchte ich an dieser Stelle kurz auf die Zweifel und Sorgen mancher Eltern gegenüber einer »zu frühen« Betreuung außer Haus eingehen. Immer wieder wird in diesem Zusammenhang der britische Kinderpsychiater John Bowlby zitiert. In seinem Buch *Bindung. Eine Analyse der Mutter-Kind-Beziehung* betont er einerseits die wichtige Bedeutung der frühen Bindung, andererseits schießt er weit über das Ziel hinaus und beschreibt die Trennung, die eine Mutter ihrem Kind durch einen Kita-Besuch zumutet, als besonders schädlich.[60] Ein Mythos, der sich bis heute wacker hält, vor allem in den westlichen Bundesländern. Im Osten der Republik sind die Berufstätigkeit der Frauen und die frühe Betreuung in der Krippe dagegen durch die Familienpolitik der DDR normaler.[61] Auch wenn viele von Bowlbys Thesen längst widerlegt wurden, warnen vermeintliche Expert*innen bis heute immer wieder vor den Folgen der Krippenbetreuung: Mager- oder Drogensucht, Depressionen oder sogar Abrutschen in Kriminalität. Diese Behauptungen sind wissenschaftlich wenig fundiert und werden gerne mit Tierversuchen mit Ratten belegt. In den nach schnellen Klickzahlen suchenden, einschlägigen Medien finden sie oft starke Beachtung. Auch in erzkonservativen oder in alternativen Kreisen wird gerne vor der »Fremdbetreuung« gewarnt.

Obwohl die Aussage »Kleinkinder werden geschädigt, wenn ihre Mütter zu schnell wieder arbeiten« also haltlos ist, bleibt bei vielen Eltern vor dem Kita-Start doch ein schlechtes Gewissen, das eigene Kind in fremde Hände zu geben. Diese Zweifel sind nicht nur verständlich, sondern bis zu einem gewissen Grad auch hilfreich – immerhin führen sie dazu, dass ihr bei der Wahl der Kita vielleicht besonders genau hinschaut und euch mehr Gedanken macht als vielleicht unbedarftere Eltern. Gleichzeitig solltet ihr die größten Zweifel zum Kita-Start überwunden haben und gemeinsam bereit für den neuen Lebensabschnitt sein. Wenn ihr als Eltern noch ein schlechtes Gefühl habt und wenn ihr glaubt, euer Kind ist noch nicht so weit, dann wartet lieber noch ein paar Monate ab. Immerhin ist es ein großer Schritt und ungeheurer Vertrauensvorschuss, das eigene Kind in »fremde Hände« zu geben. Und Kinder spüren ganz genau, wenn Eltern dieses Vertrauen nicht haben. Dann können beide Seiten einander nicht loslassen: die Eltern ihr Kind nicht und umgekehrt auch nicht. Eine Eingewöhnung in die Krippe oder bei einer Tagesmutter ist unter diesen Umständen zum Scheitern verurteilt. Ein wichtiger Faktor beim Loslassen-Können sind Vertrauen in die gute Arbeit der Erzieher*innen und das Wissen um eine hohe Betreuungsqualität in der Kita. Das Problem: In Zeiten von knappen Betreuungsplätzen sind die meisten Eltern froh, überhaupt einen Kita-Platz zu bekommen. Gleichzeitig ist die Qualität längst nicht in allen Kindertagesstätten ausreichend. Vor allem der Fachkräftemangel wird zunehmend zum Problem. Aktuell fehlen in Deutschland über 100.000 Erzieher*innen.[62] Dieser Mangel wirkt sich auf die tägliche Arbeit mit den Kindern aus. Oft sind zu wenige Erzieher*innen für zu viele Kinder zuständig. Eine gute Bildungsarbeit oder pädagogische Projekte sind da nur schwer möglich. In manchen Einrichtungen ist der Personalmangel so groß, dass das einzige realistische Ziel ist, die Kinder unbeschadet durch den Tag zu bringen. Der *Ländermonitor Frühkindliche Bildung* der Bertelsmann Stiftung spricht sogar von »nicht kindgerechter« Betreuung in vielen Einrichtungen. Im Schnitt betreut eine Fachkraft 4,2 Krippenkinder, bei den größeren Kindergartenkindern sind es 8,8 Kinder pro Erzieher*in.[63] Viele Expert*innen halten diese Zahl für zu hoch. Auch die Gruppengrößen von über zwölf Kindern in der Krippe und 18 im Kindergarten werden in der Bertelsmann-Studie kritisiert. Große Gruppen würden zu viel Lärm und Stress erzeugen. Spielen und Aktivitäten, die für die Entwicklung der Kinder wichtig sind, könnten so schlechter umgesetzt werden.[64] Ein kleiner Lichtblick für alle Eltern, die noch weitere Kinder planen: Die Bundesregierung investiert seit einiger Zeit viel Geld in den Kita-Ausbau und die Erzieher*innen-Ausbildung. Doch bis sich eine flächendeckende Verbesserung eingestellt hat, tragen wir Eltern eine große Verantwortung und müssen mit feinen Antennen nach einer guten Betreuung für unsere Kinder suchen.

Woran erkennt man eigentlich eine gute Kita?

In einem Interview für das Redaktionsnetzwerk Deutschland habe ich Pädagogin und Kita-Expertin Anke Elisabeth Ballmann gefragt, woran Eltern eine gute Kita erkennen. Ihre Antwort: Eltern sollten sich auf ihr Gefühl verlassen. Wie ist die Stimmung innerhalb der Kita, treffen sie auf fröhliche Erzieher*innen? Hätte man selbst Lust, dort mehr Zeit zu verbringen? Sind die Kinder fröhlich und spielen ausgelassen oder hört man viel Geschrei und Weinen? Ich persönlich achte auch auf Pflanzen oder das schwarze Brett. Sind diese Sachen gepflegt, ist das für mich ein Zeichen dafür, dass die Pädagog*innen genug Zeit haben, um sich auch um die Kita zu kümmern, und nicht völlig am Limit arbeiten müssen. Solche Kleinigkeiten geben erste Hinweise auf die Qualität.[65]

Außerdem habe ich über diese Frage mit dem Erzieher Jonas gesprochen. Er ist selbst Papa einer kleinen Tochter und im Moment auf der Suche nach der richtigen Kita. Sein erster Rat an Eltern: Verlasst euch bei den Kita-Besichtigungen auf euer Bauchgefühl. Ihr seid die besten Expert*innen für eure Kinder und könnt eigentlich ganz gut einschätzen, ob sich euer Nachwuchs in dieser Einrichtung wohlfühlen würde. Wenn ihr selbst schnell ein Gefühl von Geborgenheit empfindet und viele glückliche Kinder seht, ist das schon mal ein gutes Zeichen. Gleichzeitig macht es Sinn, ein paar Fragen an die Kita zu stellen.

Der Besuchstermin in der Kita
- Werdet ihr freundlich und offen empfangen?
- Führt euch eine Erzieherin oder die Leitung durch die Einrichtung und nimmt sich Zeit für eure Fragen?
- Seht ihr auch etwas vom Kita-Alltag und lernt vielleicht schon eine*n Erzieher*in aus der Krippe oder dem Kindergarten kennen?

Stimmung bei der Besichtigung
- Fühle ich mich selber wohl?
- Ist der Umgang mit den Kindern freundlich und offen? Wenn schon vor mir als Besucher wütend auf die Kinder eingeschimpft wird, kann ohne Besucher*innen die Hemmschwelle noch viel niedriger sein.
- Wie ist die Stimmung unter den Mitarbeitenden?
- Sind die Erzieher*innen freundlich?
- Wie fröhlich und aktiv sind die Kinder?

Zusätzliche Kriterien für die Auswahl:

Rahmenbedingungen
- Passen die Betreuungszeiten der Einrichtung zu euren Arbeitszeiten?
- Ist die Kita nah am Wohnort? Das spart lange Wege und vereinfacht die Verabredung mit anderen Kindern.
- Gibt es feste Ferien- oder Schließzeiten oder könnt ihr die kitafreie Zeit selbst bestimmen? Und wie lange dauern die Schließtage?
- Welche zusätzlichen Kosten – neben den Kita-Gebühren – kommen auf euch zu? In den meisten Kitas müssen Mahlzei-

ten und manchmal auch Materialkosten extra gezahlt werden. Die Kosten dafür sind meistens allerdings überschaubar.

Pädagogisches Konzept

- Passt das pädagogische Konzept zu euren Vorstellungen und Wünschen? Es gibt eine große Zahl von pädagogischen Konzepten – von Montessori über Wald-Kita bis zu freien Angeboten, in denen die Kinder selbst ihre Tagesaktivitäten gestalten können. Ihr müsst selbst entscheiden, auf welche Lernziele und Ansätze ihr Wert legt und welches Konzept zu eurem Kind passen könnte.
- Wie wird die Eingewöhnung organisiert? Aller Anfang ist schwer. Auch das Einleben in die Kita ist eine große Herausforderung für die Kinder. Sie müssen sich an andere Kinder, die Erzieher*innen und eine unbekannte Umgebung gewöhnen. Deshalb solltet ihr unbedingt nach den Rahmenbedingungen der Eingewöhnung fragen. So sollte es eine feste Bezugsperson für die Eingewöhnung geben, genaue zeitliche Vorgaben sind eher kontraproduktiv. Im besten Fall hat euer Kind so genug Zeit, sich Schritt für Schritt in den Kita-Alltag einzuleben.
- Wie ist die pädagogische Haltung der Erzieher*innen? Natürlich ist das schwer zu beurteilen. Aber Erzieher*innen sollten offen und liebevoll auf die Kinder und ihre Wünsche eingehen. Deshalb solltet ihr beim Besuchstermin ruhig den Pädagog*innen ein bisschen beim Umgang zusehen.
- Gibt es eine aktive Elternarbeit und eine Austauschkultur? Im besten Fall halten die Erzieher*innen die Eltern regelmäßig auf dem neuesten Stand und erzählen von den Aktivitäten des Tages. Auch Informationen über Mittagsschlaf, Essen, mögliche Streitigkeiten oder kleinere Unfälle gehören dazu und

sollten mitgeteilt werden. Dieser Austausch findet im besten Fall als tägliches Gespräch beim Bringen und Abholen und über kleinere Aushänge statt.

Alltag in der Kita

- Welche Rituale gibt es in der Kita? Die Frage klingt vielleicht banal. Im Kita-Alltag sind regelmäßige Aktivitäten wie ein gemeinsames Essen oder der Morgenkreis sehr wichtig. Sie geben den Kindern Halt und Orientierung, außerdem sind sie eine gute Möglichkeit zum Austausch untereinander.
- Können sich die Kinder in möglichst vielen Bildungsbereichen ausleben? Bewegung, Körper & Gesundheit, Sprache, kulturelle Bildung, Kunst und Musik, ökologische Bildung und medienpädagogische Angebote sollte eine gute Kita bieten – im Alltag oder als Projekte. Außerdem sollten die Pädagog*innen vor Ort den Kindern Gelegenheit dazu geben, den eigenen Interessen und Talenten nachzugehen.
- Bleibt genug Zeit für freies Spiel? Neben Routinen und Struktur sollte im Kita-Alltag genug Zeit und Raum für freies und selbstbestimmtes Spielen bleiben. Das stärkt die Phantasie und Kreativität und gibt Gelegenheit, in eigene Welten abzutauchen.
- Gibt es besondere Projekte und Ausflüge? Kinder sollten auch den Wald erkunden können oder die Feuerwehr besuchen. Vielleicht werden Projekte zu Themen wie Umwelt oder Nachhaltigkeit angeboten. Solche Aktivitäten erweitern den Horizont der Kinder.

Gruppengröße und Personalschlüssel

- Gibt es eine Bezugsperson für dein Kind? Gerade bei kleinen Kindern ist es wichtig, eine Bezugserzieher*in zu haben. Sie

gestaltet im besten Fall die Eingewöhnung und bleibt für dein Kind ein wichtiger Stabilitätsfaktor im Kita-Alltag. Oft entsteht eine sehr enge Bindung zwischen den Bezugserzieher*innen und den Kindern. Häufiger Personalwechsel ist dagegen eher schwierig für Kleinkinder und auch kein Qualitätskriterium für eine Einrichtung.
- Wie viele Kinder sind in den Gruppen? Eine Krippengruppe sollte nicht mehr als zwölf Kinder und eine Elementargruppe nicht mehr als 20 bis 24 Kinder umfassen. Große Gruppen bedeuten mehr Lautstärke und Stress sowie weniger Platz für individuelle Förderung und Entfaltung.
- Wie viele Erzieher*innen sind in der Kita und sind alle Stellen besetzt? In vielen Kindertagesstätten werden neue Kolleg*innen gesucht. Ist der Personalnotstand zu groß, ist pädagogische Arbeit mit den Kindern kaum möglich. Deshalb sind wenig offene Stellen in der Kita ein wichtiges Qualitätskriterium. Schaut deshalb ruhig mal auf die Website der Einrichtung nach offenen Stellen oder nach freien Plätzen auf der Mitarbeitenden-Tafel.

Räumlichkeiten und Ausstattung
- Haben die Kinder genug Platz und Angebote zum Spielen? Die Faustregel: Jedes Kind sollte etwa 2,5 Quadratmeter zur Verfügung haben. So können sich die Kleinen auch bei schlechtem Wetter genug bewegen.
- Gibt es genug Räume zum Toben, aber auch zum Rückzug oder für Kreativität? Verschiedene Angebote wie ein Atelier oder ein Bewegungsraum bieten neue Beschäftigungsanregungen für die Kinder und sorgen für Abwechslung. Gleichzeitig sollten Kinder auch die Möglichkeit haben, sich auszuruhen, wenn es ihnen zu hektisch und laut wird.

- Ist der Außenbereich kindgerecht gestaltet? Eine gute Kindertagesstätte bietet auch draußen genug Platz zum Spielen – Sandkästen, Schaukeln, Fahrzeuge, Rutschen oder Klettergerüste. Idealerweise ist der Spielbereich der Krippenkinder von dem Spielplatz der größeren Kindergarten-Kinder getrennt. Außerdem sollte es auf dem Außengelände viel Grün und schattige Plätzchen geben. Toll sind auch ein eigener Kita-Garten oder sogar eigene Tiere wie Hühner und Hasen.
- Gibt es genug Materialien für die Kinder? Vielfältige Anregungen sind wichtig, nicht nur in Form von funktional gestalteten Räumen, sondern auch als Inspiration für kreative Tätigkeiten oder Spiele – Stifte, Kreide, Knete, Perlen, Bauklötze oder eben auch Bücher oder Kostüme und Stoffe zum Verkleiden.
- Welche Hygiene-Praxis gibt es? Hygiene ist nicht erst seit Corona ein wichtiges Thema für die Kita. Deshalb macht es Sinn, sich nach den Toiletten und Waschräumen und auch der Wickelpraxis zu erkundigen. Im besten Fall können die Kinder jederzeit die Toiletten und Waschräume aufsuchen und bekommen dabei auch schnell Hilfe. Beim Wickeln sollte es nicht nur feste Wickelzeiten geben, sondern eben auch einen wachsamen Blick der Erzieher*innen auf zu volle Windeln. Auch regelmäßiges Zähneputzen ist in vielen Kitas fester Bestandteil des Tages.

Essen und Schlafen

- Welche Regelungen gibt es für den Mittagsschlaf – sind die Zeiten festgelegt oder flexibel? Und wie sind die Schlafräume gestaltet? Moderne Kindertagesstätten nehmen Rücksicht auf das individuelle Schlafbedürfnis der Kinder. Sie können sich hinlegen, wann und so lange sie wollen. Für Kinder, die keinen Mittagsschlaf mehr brauchen, sollte es Alternativen geben –

zum Beispiel ruhige Beschäftigungen wie Vorlesen, Puzzeln oder eine Geschichte hören.
- Wird in der Kita frisch gekocht oder liefert das Essen ein Catering-Service? Wichtig ist vor allem eine abwechslungsreiche und gesunde Ernährung mit möglichst wenig Zucker, viel Gemüse und auch Fisch und Fleisch. Das gilt natürlich ebenso für die Snackzeiten und das Frühstück. Die Tischkultur ist wichtig – wird gemeinsam gegessen, vielleicht helfen die Kinder auch beim Tischdecken und abräumen?
- Wird regelmäßig mit den Kindern gekocht oder gebacken? Selbst in der Küche tätig zu werden, ist eine tolle Erfahrung für Kinder und vermittelt ihnen einen ganz neuen Zugang zur Ernährung. Oft sind sie auch bereit, ganz neue Gemüsesorten oder Soßen auszuprobieren, wenn sie selbst bei der Zubereitung geholfen haben …

Dokumentation
- Gibt es Fotos von aktuellen Aktivitäten und Ausflügen? Wenn im April noch Bilder von Weihnachten hängen, könnte das ein Zeichen für eine Überlastung der Mitarbeitenden sein. Haben die Erzieher*innen dagegen genug Luft und Zeit im Alltag, können sie sich auch um die Gestaltung der Kita kümmern.
- Ist die Kita entsprechend der Jahreszeit geschmückt?
- Ist das schwarze Brett mit Speiseplan und Terminen gepflegt?

Auch wenn sich die Mehrzahl der Eltern für die Kita als Betreuungsform entscheidet, gibt es noch eine Betreuungsalternative für Kinder zwischen ein und drei Jahren: Und zwar eine Tagesmutter oder einen Tagesvater, wie vorhin schon ein paar Mal angeklungen ist. Viele Eltern schätzen die familiäre Atmosphäre dieser Betreuungsform mit Familienanschluss. Eine Tagesmutter oder ein Tagesvater darf nämlich nicht mehr als fünf Kinder gleichzeitig betreuen. Eine kleine Ausnahme: In manchen Bundesländern dürfen sich Tageseltern zusammenschließen. Viele Tagesmütter und -väter kommen außerdem aus pädagogischen Berufen und haben selbst Kinder. Auch die oft größere Flexibilität in den Betreuungszeiten und die feste Bezugsperson für die Kinder spricht für eine Tagespflege. Hier gilt das Gleiche wie für die Kita: Ihr solltet euch bei der Wahl der Betreuungsform auf euer Bauchgefühl verlassen. Im Prinzip könnt ihr die meisten der obigen Fragen auch bei der Suche nach einer Tagesmutter oder einem -vater stellen. Auch hier sollten die Kinder genug Platz zum Spielen haben, viele unterschiedliche pädagogische Anreize und eine gesunde Mahlzeit bekommen. Die Tagesmutter oder der Tagesvater muss die gleiche offene und wertschätzende Haltung gegenüber den Kindern zeigen wie eine Erzieher*in in der Krippe.

Habt ihr eine gute Betreuung für eure Kinder gefunden, neigt sich die Elternzeit dem Ende entgegen. Dann steht euch der nächste große Schritt bevor, und zwar die Rückkehr an den Arbeitsplatz. Wie ihr den Wiedereinstieg möglichst gut gestaltet, das soll Thema im nächsten Kapitel sein.

Wiedereinstieg in den Beruf

Die Frage, ob wir nach der Elternzeit wieder arbeiten oder lieber zu Hause bleiben, stellt sich den meisten von uns heute nicht mehr. Die Berufstätigkeit von Frauen ist erfreulicherweise in den letzten Jahrzehnten stark gestiegen.[66] Auch die Erwerbsunterbrechungen von Müttern sind heute kürzer als vor der Einführung des Elterngeldes.[67] Doch natürlich bringt dieser wichtige Schritt zu mehr Gleichberechtigung auch neue Herausforderungen und Fragen mit sich – zum Beispiel nach dem richtigen Zeitpunkt für den Wiedereinstieg oder danach, wie viel wir eigentlich arbeiten möchten. Die Antworten darauf sind alles andere als einfach. Der Wiedereinstieg nach der Elternzeit ist eine große Umstellung. Nun müssen wir Kind, Haushalt, Partnerschaft und noch zusätzlich den Beruf unter einen Hut bringen. So viel ist klar: In kinderlosen Tagen war der Spagat zwischen Beruf und Alltag deutlich leichter. Wir konnten flexibler und gleichberechtigter der Arbeit nachgehen. Überstunden oder Dienstreisen waren kein großes Problem. Mit Kind ändern sich die Rahmenbedingungen allerdings. Wir sind nicht mehr so selbstbestimmt und wollen unser Leben nicht mehr der Arbeit unterordnen. Die Familie geht nun vor. Für sie wollen wir möglichst keine Abstriche machen. Umso wichtiger ist es, sich intensiv mit der neuen Situation auseinanderzusetzen – ganz persönlich und zusammen mit unserem Partner oder unserer Partnerin. Vor allem die

Frage, wie eigentlich das Leben als Familie in den nächsten zwei oder drei Jahren aussehen soll, ist für die Organisation des Wiedereinstiegs sehr wichtig – aus beruflicher und aus privater Sicht. Leider geschieht diese Auseinandersetzung noch viel zu wenig. Anders kann ich mir jedenfalls nicht erklären, warum immer noch viele Paare die klassische Aufteilung wählen. Die Frau geht zwanzig Stunden arbeiten und kümmert sich weiterhin vor allem um Haushalt und Kinder, der Mann bleibt in Vollzeit im Büro. Dabei gibt es genug Alternativen, mit denen sich die Care-Arbeit gerechter aufteilen lässt, sodass beiden mehr Zeit für die Familie und sich selbst bleibt und es auch möglich ist, beruflich genug Verantwortung zu übernehmen. Bitte versteht mich nicht falsch: Natürlich müssen und können wir nicht alle nur dreißig Stunden arbeiten oder den Haushalt und die Kinderbetreuung exakt gleichberechtigt aufteilen. Und natürlich ist es auch völlig in Ordnung, sich für ein Anderthalb-Verdiener-Modell zu entscheiden. Schließlich bedeutet Vereinbarkeit auch immer, Abstriche zu machen. Wenn ich für die Familie auf die berufliche Verwirklichung verzichten möchte, ist das eine nachvollziehbare Entscheidung. Viel wichtiger wäre es mir, dass sich jede*r ausgiebig Gedanken um seine oder ihre berufliche Entwicklung macht und nicht einfach einem Weg folgt, weil es vermeintlich alle so machen. Diese Reflexion beginnt schon vor der Geburt und setzt sich in der Elternzeit fort mit der Frage: Wie stellen wir uns eigentlich die Rückkehr in den Beruf vor? Ich weiß, die Antwort darauf ist keinesfalls einfach. Immerhin liegt der Fokus in den ersten Wochen und Monaten mit Kind voll auf der Familie. Ihr müsst erst in eure neue Rolle als Mutter oder Vater hineinwachsen. Oft bleibt kaum Platz für Gedanken an den Beruf. Das ist auch völlig in Ordnung. Sobald aber eine gewisse Routine entstanden ist und sich vielleicht die Elternzeit auch schon dem

Ende entgegenneigt, solltet ihr euch Gedanken um die Rückkehr und die Rahmenbedingungen machen. Eine zentrale Frage dabei: Was will ich eigentlich? Strebe ich Führungsverantwortung an oder möchte ich eher fachbezogen arbeiten und Expert*in zu einem Thema werden? Natürlich darf die Entscheidung für einen reinen Broterwerb in Teilzeit ausfallen und die Priorität im Privat- und Familienleben liegen. Habe ich meine beruflichen Ziele vor Augen, kann ich den Wiedereinstieg in den Beruf aktiv(er) gestalten. Eine klare Idee über eure Ziele ist übrigens nicht nur ein großer Gewinn für euch, sondern auch für euren Arbeitgeber. Wenn ihr eure Vorstellungen formuliert, kann sich der oder die Vorgesetzte darauf besser einstellen. Dabei darf man seine Forderungen durchaus offensiv und selbstbewusst stellen – zum Beispiel zu möglichen Aufgaben oder zu einer Kolleg*in, die euch bei allen Fragen nach der Auszcit Rede und Antwort steht. Doch natürlich solltet ihr nicht nur beruflich den Wiedereinstieg planen, sondern auch mit Blick auf das Familienleben. Hier ist es ebenfalls wichtig, sich als Paar über eine gemeinsame Vision und vor allem eine zukünftige Arbeitsteilung auszutauschen. Dabei ist es, liebe Frauen, völlig in Ordnung, mehr Engagement von euren Männern einzufordern, gerade wenn ihr nun auch im Job wieder mehr Einsatz zeigen wollt. Es kann nämlich nicht sein, dass ihr neben Kinderbetreuung und Haushalt noch eine Aufgabe obendrauf bekommt. Aber dazu später mehr.

Wiedereinstieg vorbereiten

Die Vorbereitung des Wiedereinstiegs beginnt mit dem Ausstieg. Wollt ihr eurem Arbeitgeber treu bleiben, dann solltet ihr den Abschied in den Mutterschutz und die Elternzeit möglichst gut gestalten. Im ersten Schritt ist es wichtig, Termine zu kommunizieren: Wann ist der errechnete Geburtstermin, wann beginnt der Mutterschutz, wie viel Resturlaub habt ihr noch und wann wollt ihr ihn nehmen? Diese Klarheit hilft eurem Arbeitgeber bei der Planung. Auch den Ausstieg selbst solltet ihr möglichst gut vorbereiten – also Projekte abschließen oder die Übergabe an Kolleg*innen aktiv begleiten. Oder anders formuliert: Es ist nie gut, Chaos oder gar Scherben zu hinterlassen. Dieses Engagement eurerseits ist eine wichtige Basis für eine vertrauensvolle Fortsetzung der Zusammenarbeit und einen guten Wiedereinstieg. Außerdem empfiehlt es sich, kurz vor dem Mutterschutz oder dem Beginn einer längeren Elternzeit das Gespräch mit dem oder der Vorgesetzten oder der Personalabteilung zu suchen. Sprecht dabei offen über die geplante Länge der Elternzeit, Arbeitszeitmodelle, die ihr euch nach der Rückkehr vorstellen könntet und, ganz wichtig, über die Gestaltung eines groben Fahrplans für den Wiedereinstieg. Welche Aufgaben warten auf euch? Gibt es einen Paten oder eine Patin, der euren Einstieg erleichtert und für all eure Fragen zuständig ist? Immerhin können sich in ein oder zwei Jahren Elternzeit viele Dinge verändern – Teams, Kunden, IT-Systeme oder Unternehmensstrukturen. Sprecht auch darüber, wie und in welchem Rhythmus ihr euch mit Chef*in und Kolleg*innen über einen Wiedereinstieg und die Zukunft im Unternehmen austauschen wollt. Die Ergebnisse dieses Treffens solltet ihr unbedingt als Erinnerung schriftlich festhalten und an alle Beteiligten schicken. Sie sind nämlich die Grundlage für eine weitere vorbereitende Abstimmung, die einige Wochen vor eurer Rückkehr an euren Arbeitsplatz stattfindet. Außerdem ist es sinnvoll, sich ein Zwischenzeugnis für die bisherige Arbeit ausstellen zu lassen. Das ist besonders wichtig, wenn es einen Wechsel bei den Vorgesetzten gibt oder ihr euch doch nach der Elternzeit beruflich umorientieren wollt.

Während der Elternzeit solltet ihr versuchen, den Kontakt zu Kolleg*innen zu halten. Bei einer kurzen Elternzeit könnt ihr zum Beispiel ab und zu in eure Mails schauen oder die Meldungen im Intranet verfolgen. Bleibt ihr länger zu Hause, bieten sich regelmäßige Telefonate oder vielleicht sogar ein Mittagessen mit den Kolleg*innen an, genau wie der regelmäßige Austausch mit Vorgesetzten oder Personalverantwortlichen. So bleibt ihr über grundlegende Vorgänge und Veränderungen am Arbeitsplatz auf dem Laufenden und, noch wichtiger, für den Arbeitgeber sichtbar. Oft reicht dafür auch schon ein kurzes Telefonat von fünf bis zehn Minuten oder ein Mail-Update alle acht bis zwölf Wochen. Frühzeitig kommunizieren solltet ihr unbedingt auch Planänderungen – zum Beispiel eine verlängerte Elternzeit oder Probleme bei der Suche nach einem Betreuungsplatz. Seid dabei aber vorsichtig mit Babyfotos und zu viel privaten Details! Nicht jede*r Kolleg*in, nicht jede Führungskraft freut sich über Babyfotos und Still-Updates.

Neigt sich die Elternzeit dem Ende entgegen, macht ein intensiveres Gespräch über den konkreten Wiedereinstieg Sinn. Dabei solltet ihr unbedingt die Details der Rückkehr klären – wie viele Stunden und Tage ihr arbeiten wollt, wie viele Tage davon ihr im Büro seid, wie viele im Homeoffice, welche Aufgaben ihr übernehmt und wie die Einarbeitung gestaltet werden soll. Bitte geht auch in dieses Gespräch nicht unvorbereitet, sondern überlegt euch genau, wie ihr zukünftig arbeiten wollt. Nehmt euch ähnlich wie für die Familienvision aus dem ersten Kapitel genug Zeit und Muße für die Beantwortung der Fragen rund um eure berufliche Zukunft.

Um den Wiedereinstieg zu planen, solltet ihr euch fragen:

1. **Wie viel Geld brauche ich?**
- Für unsere täglichen Ausgaben als Familie (Konsum und Anteil an Haushaltsausgaben)
- Für eine finanzielle Rücklage
- Für die eigene Rente

2. **Wie viel Zeit möchte ich arbeiten?**
- Wie viel Zeit will ich in meinen Beruf investieren?
- Wie viel Geld verdiene ich in welcher Zeit?
- Wie viele Stunden täglich will und kann ich mein Kind in die Betreuung geben?
- Wie viel Zeit möchte ich für mein Kind und die Familie haben?
- Wie viel Zeit brauche ich für mich?

3. **Wo liegen meine Schwerpunkte?**
- Strebe ich eine Karriere an und muss wieder sehr präsent sein?
- Sehe ich mich als Expert*in oder eher als Führungskraft mit Personalverantwortung?
- Geht Familie vor und möchte ich aus diesem Grund beruflich zurückstecken?
- Möchte ich mich beruflich verändern – vielleicht einen sinnhafteren Job machen?

Natürlich treffen wir die Entscheidungen über den beruflichen Wiedereinstieg nicht allein, sondern gemeinsam als Paar und Familie. Deshalb ist auch ein intensiver Austausch innerhalb der Partnerschaft sehr wichtig. Wenn ihr also eine eigene Idee für eure berufliche Rückkehr entwickelt habt, sprecht bitte miteinander über das künftige Arbeitsmodell. Eine Botschaft an die Mütter: Es ist völlig in Ordnung, Kompromisse von euren Männern einzufordern. Für viele Väter wäre es möglich, Stunden zu reduzieren oder stärker auf Dienstreisen zu verzichten. Vielleicht rennt ihr bei euren Männern sogar offene Türen ein. Immerhin geben Väter in Umfragen immer wieder an, weniger arbeiten zu wollen. Deshalb nehmt euch als Paar Zeit für einen wertschätzenden Austausch über die Organisation des Wiedereinstiegs. Ideal wäre ein kinderfreier Vormittag – dann seid ihr beide noch wach und aufnahmefähig. Natürlich muss auch der Arbeitgeber euren Vorstellungen zustimmen. Aber wenn ihr schon eine eigene Vision im Kopf habt, ist es leichter, Kompromisse mit Vorgesetzten zu finden oder selbst passende Lösungen anzubieten. Unterschätzt dabei bitte nicht eure Verhandlungsposition. Ihr habt wichtige Berufserfahrung. Neue Mitarbeiter*innen einzustellen, wäre deutlich teurer und aufwendiger, als euch beim Thema Vereinbarkeit entgegenzukommen. Dazu kommt der große Fachkräftemangel, der dafür sorgt, dass es sich Unternehmen eigentlich kaum noch leisten können, Familienfreundlichkeit mit Füßen zu treten. Deshalb fragt ruhig nach einer besseren Arbeitszeitgestaltung oder der Möglichkeit, wenigstens zeitweise im Homeoffice zu arbeiten.

Warum Elternsein eine wertvolle Schlüsselkompetenz ist

»Was kann ich meinem Unternehmen schon bieten?« Diese Frage stellen sich viele Mütter und vielleicht auch einige Väter nach einer längeren Elternzeit. Das Unternehmen hat sich weiterentwickelt, Projekte haben sich verändert, neue Kolleg*innen kamen dazu, während euer Alltag aus Windeln, Krabbelkursen und Babybrei bestand. Und nun möchtet ihr »nur« in Teilzeit zurückkehren. Zu diesen Zweifeln kommen noch gesellschaftliche Mythen wie »Muttersein und beruflicher Erfolg schließen sich aus« oder als »Mutter bin ich nicht attraktiv für den Arbeitsmarkt«.

Alles Quatsch! Immerhin habt ihr als Mütter und auch Väter schon vor der Elternzeit viele berufliche Erfahrungen gesammelt und eine gute Ausbildung abgeschlossen. Auch die Zeit zu Hause mit Kind solltet ihr nicht unterschätzen, was den Kompetenzerwerb angeht – die Elternzeit bringt uns menschlich unheimlich voran. Wir werden im Umgang mit unseren Kindern geduldiger und flexibler, wir lernen, auch in chaotischen Situationen ruhig zu bleiben und eine Lösung zu finden. Außerdem sind wir oft nach einer langen Elternzeit organisierter als vorher und vielleicht sogar fokussierter bei der Arbeit. Nicht umsonst wird die Zeit zu Hause in skandinavischen Ländern sogar als wichtige Grundlage für die Übernahme von Führungsverantwortung gewertet. Dazu kommen die günstigen Bedingungen für euch auf dem Arbeitsmarkt. Gerade in Zeiten des Fachkräftemangels müssen Unternehmen um Eltern als Fachkräfte werben – mit attraktiven Angeboten in Teilzeit und neuen Ansätzen für bessere Vereinbarkeit. Mit dieser Gewissheit im Hintergrund lässt sich der Wiedereinstieg viel (selbst-)bewusster planen. Immerhin ist die Auszeit vom Job auch ein guter Zeitpunkt für eine Betrachtung mit Abstand. Deshalb solltet ihr euch durchaus fragen: Was kann mir das Unternehmen bieten? Wie sieht ein Job aus, der sich für mich lohnt – inhaltlich, zeitlich und finanziell? Ein wichtiger Schritt dahin ist, dass ihr euch eure eigenen Stärken bewusst macht.

Coaching Tool 1: Baum der Stärken

Im sehr hörenswerten *Work-and-Family*-Podcast von Stephanie Poggemöller habe ich von einer tollen Selbstcoaching-Methode erfahren: dem Baum der Stärken.[68] Er hilft euch, in euch selbst diese Stärken zu finden und zu visualisieren. Denn ein Blatt Papier, auf dem deine Kompetenzen und Vorzüge zu sehen sind, ist ein gutes Mittel gegen Selbstzweifel. Diese schriftliche Aufstellung zeigt euch, dass ihr vielleicht doch mehr zu bieten habt, als ihr denkt.

So geht es: Für den Baum der Stärken braucht ihr ein Blatt Papier und einen Stift. Im ersten Schritt zeichnet ihr die **Wurzeln** – falls ihr euch den Baum künstlerisch nicht zutraut, gibt es auch tolle Vorlagen im Internet und eine im Anhang dieses Buches. In die Wurzeln schreibt ihr eure inneren Ressourcen: Was gibt euch Kraft für den Alltag und tut euch gut? Das können Hobbys, Selfcare-Routinen, Freund*innen, besondere Orte und Momente sein. Sich immer wieder über die eigenen Kraftquellen klar zu werden, ist sehr wichtig, um diesen Energiespendern im Alltag auch den nötigen Raum zu geben.

Danach folgt der **Stamm**. In ihn schreibt ihr all eure Fähigkeiten und Stärken, die für euren Job und die Rückkehr ins Berufsleben relevant sind – euer Studium oder eure Ausbildung, Berufserfahrung, besondere Fortbildungen, aber auch persönliche Kompetenzen und Charaktereigenschaften. Dabei ist die Elternzeit sehr wichtig. Die dürft ihr gerne als wichtige (Lebens-)Erfahrung werten. In Elternzeit lernt ihr viel über Organisation, ihr verändert die Perspektive auf das Leben und die wichtigen Dinge im Alltag. Auch Empathie und Geduld wachsen durch Kinder.

In den oberen Teil des Baumes – **die Krone** – kommen die größten Erfolge eures Lebens und all die Dinge, auf die ihr wirklich stolz seid. Das können auch gerne besondere Leistungen aus der Kindheit und Jugend sein, sportliche oder natürlich auch berufliche Erfolge.

Ganz wichtig: Lasst euch Zeit mit dem Baum. Legt das Blatt ruhig mal beiseite und denkt ein paar Tage über eure Stärken und Erfolge nach. Übrigens hilft der Baum nicht nur dabei, die eigenen Begabungen und den eigenen Wert neu zu denken und daraus Schlüsse für den Wiedereinstieg zu ziehen, sondern ist auch wertvoll für Momente, in denen ihr besonders an euch und euren Fähigkeiten zweifelt. Ein Blick auf den Baum zeigt euch auf einen Blick, was ihr alles könnt, was ihr schon geleistet habt und worauf ihr stolz sein könnt.

Coaching Tool 2: Das Lebensrad

Ein zweites Coaching Tool, das ich an dieser Stelle vorstellen möchte, ist das **Lebensrad**. Es ist ein sehr beliebtes Instrument zur Standortbestimmung und zur Bestandsaufnahme der Work-Life-Balance. Den Tipp zum Lebensrad gab mir Luisa Hanke vom VereinbarkeitsLAB. Im **ersten Schritt** malt ihr einen Kreis auf ein Blatt Papier und teilt ihn in mehrere Kuchenstücke auf, oder ihr verwendet die Vorlagen im Anhang dieses Buchs. In jedes Kuchenstück schreibt ihr einen für euch relevanten Lebensinhalt – Familie und Kinder, Beruf, Partnerschaft, Hobbys, Zeit für dich, Freunde, Geld oder auch Wohnen. Ihr müsst selbst entscheiden, welche Bereiche für euch einen wichtigen Platz einnehmen. Zu jedem einzelnen schaut ihr im **zweiten Schritt** auf den **Ist-Zustand**: Wie zufrieden seid ihr mit diesem Teil des Lebens? Woran macht ihr diese Zufriedenheit fest – an bestimmten Ritualen oder Erlebnissen? Wie viel Zeit und Energie investiert ihr im Moment in diesen Bereich? Schreibt eure Antworten in oder neben das Kuchenstück. Zur besseren Visualisierung könnt ihr das Kuchenstück ausmalen. Wenn ihr das gesamte Stück ausmalt, steht das für vollste Zufriedenheit in diesem Lebensbereich. In dieser Ist-Analyse darf ruhig viel Dankbarkeit stecken – für schon geleistete Dinge als Eltern oder schöne Rituale als Familie.

Das Rad des Lebens ist nicht nur ein Analyse-Tool des Ist-Zustandes, es dient auch der persönlichen Weiterentwicklung. Dafür zeichnet ihr einen zweiten Kuchen mit den gleichen Stücken. Diesmal geht es um **den Wunsch- oder Soll-Zustand**. Wie sollen sich die betrachteten

Lebensbereiche in Zukunft verändern? Und wenn sie sich verändern sollen, wie viel Kraft und Energie möchtet ihr dafür investieren? Der Vergleich der beiden Kreise ist eine tolle Möglichkeit, über die eigenen Prioritäten und Möglichkeiten zur Weiterentwicklung nachzudenken. Gerade in Bezug auf den beruflichen Wiedereinstieg könntet ihr euch überlegen, wie eine attraktive Aufteilung nach dem Ende der Elternzeit aussehen soll – wie viel Energie investiert ihr in eure Familie, wie viel in euren Job und wie viel in eure Hobbys oder euch selbst? **Ganz wichtig:** Es ist nicht das Ziel, alle Lebensbereiche vollends anzumalen. Vielmehr geht es darum, sich einzelne, sehr konkrete Ziele zu setzen und daran zu arbeiten. Wenn ihr überall vollkommen sein wollt, entsteht dadurch nur zusätzlicher Druck. Und dieser neue Stress macht höchstens unglücklich und steht einer realistischen Weiterentwicklung im Weg. Deshalb genügt es völlig, sich zwei oder drei kleinere, sehr konkrete Veränderungen vorzunehmen und sie in den nächsten Monaten umzusetzen – vielleicht eine Weiterbildung, etwas mehr Bewegung in der Mittagspause oder ein Paarabend pro Monat. Wenn ihr diese Veränderung integriert habt und mit dem Ergebnis zufrieden seid, dann könnt ihr die nächsten Ziele in Angriff nehmen.

Elternzeit als Anstoß zu beruflicher Veränderung

Zu euren nächsten Zielen, die ihr über die Coaching Tools definiert habt, kann auch eine berufliche Umorientierung gehören. Dass wir nach der Geburt unseres Kindes und in Elternzeit unsere Arbeit hinterfragen, ist nichts Ungewöhnliches und hat wenig mit Hirngespinsten und Träumereien zu tun. Immerhin verändert sich unser ganzes Leben durch das Elternsein und damit auch unsere Sicht auf die Welt und unser Wertesystem. Gerade wenn die Elternzeit nicht nur zwei Monate dauert, wirkt sie wie eine Pausentaste für unser altes Leben. Wir halten inne und haben nun die Gelegenheit, alles genauer zu betrachten. Vielleicht hatten wir schon vorher Zweifel an unserem Job? War das Marketing mit Mitte zwanzig noch jung, hip und kosmopolitisch, sehnen wir uns nun vielleicht nach mehr Sinnhaftigkeit, mehr Nachhaltigkeit, vielleicht einem Job, der die Welt ein Stückchen besser macht. Verständlicherweise! Immerhin wollen wir unseren Kindern eine lebenswerte Welt hinterlassen. Und überhaupt: Wir geben unser Kind schließlich nicht jeden Tag in die Betreuung, um eine Arbeit zu erledigen, die uns nicht erfüllt oder nicht sinnvoll erscheint. Natürlich muss nicht jeder Beruf Berufung sein. Für viele von uns ist auch ein Broterwerb völlig in Ordnung, Erfüllung können wir schließlich auch in Hobbys oder der Familie finden. Deshalb gibt es auch ganz unemotionale Gründe, über eine berufliche Neuorientierung nachzudenken – vielleicht lief euer Arbeitsvertrag vor der Elternzeit und dem Mutterschutz aus. Auch familienunfreundlichere Arbeitsbedingungen können ein guter Grund sein: Viele

Mütter und auch Väter wollen (und können) die eigene Karriere nicht mehr mit gleichem Elan verfolgen wie in kinderlosen Tagen. Sie wollen für den Job nicht mehr von A nach B jetten, nicht mehr zwei bis drei Tage pro Woche beim Kunden verbringen. Schon ein Meeting um 16 oder 17 Uhr ist für die meisten Eltern eher ein Ärgernis. Vielleicht sehne ich mich als Pflegekraft oder Kraftfahrer*in endlich nach geregelten Arbeitszeiten ohne Nacht- und Wochenendschichten. Egal ob hoch emotional und sinnsuchend oder rational und aus betrieblichen Gründen, am Anfang der Neuorientierung steht immer eine intensive Auseinandersetzung mit der Frage: Wie will ich nach dem Ende der Elternzeit arbeiten? Im Prinzip könnt ihr die gleichen Coaching Tools nutzen wie bei der Rückkehr an den alten Arbeitsplatz – mit ein paar ergänzenden Fragen.

- Worin liegen meine Stärken und Kompetenzen?
- Welche Erfahrungen bringe ich mit?
- Was motiviert mich und worin liegt meine Leidenschaft?
- Welche Rahmenbedingungen und Unterstützung habe ich? Kann mich mein Partner vielleicht während des Studiums unterstützen? Gibt es genug finanzielle Rücklagen für eine Selbstständigkeit?
- Wo sehe ich mich in Zukunft und was fehlt auf dem Weg dorthin?

Ganz wichtig: Ziel ist es nicht, Hals über Kopf zu kündigen und alles auf eine Karte zu setzen. Oft sind es schon kleine Schritte, die zu mehr Zufriedenheit führen. Das kann etwas mehr Kundenkontakt sein, vielleicht ein Tag mehr im Homeoffice, vielleicht eine Weiterbildung im Beruf, vielleicht eine neue Abteilung oder eine neue Aufgabe. An dieser Stelle möchte ich von meinem eigenen Wiedereinstieg erzählen. Spätestens als ich meinen Sohn im Kreißsaal zum ersten Mal auf dem Arm hielt, stand für mich fest, dass ich nicht in Vollzeit an meinen Arbeitsplatz in einer PR-Agentur zurückkehren möchte, sondern ein täglich präsenter Teil seines Lebens sein möchte, und zwar von Tag eins an. Bestärkt wurde dieses Gefühl von dem Tod meines Vaters – kurz vor der Geburt meines Kindes. Er war selbst Freiberufler und arbeitete fast jeden Tag. Er war dabei durchaus ein präsenter Vater und ein Vorbild für mich. Aber bis zuletzt ging die Arbeit vor – auch vor der eigenen Gesundheit. So versagte sein Herz, und er lernte seinen Enkel, auf den er sich so freute, nie kennen. Dieses für mich einschneidende Erlebnis führt mir bis heute immer eindrucksvoll vor Augen, dass es wirklich Wichtigeres im Leben gibt als die Arbeit – selbst wenn man die wie ich wirklich sehr gerne macht.

Doch zurück zu meinem Entschluss, nicht mehr jeden Tag für acht Stunden und mehr ins Büro zu fahren. Ich wollte nicht Zaungast des Aufwachsens meines Sohnes werden. Also stellte ich nach der Elternzeit gleich den Antrag auf Teilzeit – zwanzig Stunden in der Agentur, 15 Stunden als freier Journalist –, so meine Kalkulation. Diese Aufteilung war finanziell kein großes Risiko. Potenzielle Auftraggeber hatte ich aus vergangenen Tagen als Freiberufler noch genug. Gleichzeitig blieb mir mit diesem Modell genug Zeit, um lange Spaziergänge mit dem Kinderwagen zu machen oder auf der Spieldecke mit meinem Kind zu kuscheln. Und zwar nicht nur am Abend und nach Feierabend, sondern eben auch mitten am Tag. Insgesamt fast zweieinhalb Jahre habe ich dieses Modell genutzt – erst bei besagter Agentur, später in der Online-Redaktion einer Familienzeitschrift. Danach war für mich endgültig der Zeitpunkt gekommen, wieder voll und ganz freiberuflich zu schreiben. Heute arbeite ich knapp dreißig Stunden pro Woche. Das lässt mir genug Zeit und Platz für die berufliche Entfaltung und für eine aktive Vaterschaft. Die dafür nötigen »Anpassungen« waren keineswegs weltbewegend und gravierend.

Gerne dürft ihr auch über Unmögliches und Abseitiges nachdenken und Größeres in Betracht ziehen – eine neue Ausbildung, ein zweites Studium oder ein Quereinstieg in eine andere Branche zum Beispiel. Vielleicht sprecht ihr darüber mit anderen Müttern oder Vätern, die bereits einen ähnlichen Schritt gewagt haben, und fragt euch, ob ihr auch bereit dafür wärt. Doch für solche Abwägungen und Ideen braucht ihr ein Ziel vor Augen – und wie das und der Weg dorthin aussieht, ist eine sehr individuelle und hoch emotionale Entscheidung. Nicht umsonst füllt die Ratgeber-Literatur über berufliche Neuorientierung ganze Buchhandlungen. Gerade bei einem Neustart ist es wichtig, nicht nur alleine über eure berufliche Zukunft nachzudenken, sondern möglichst früh das Gespräch mit Freunden, der Familie und natürlich dem Partner oder der Partnerin zu suchen. Sie können euch nicht nur ehrliche Rückmeldungen zu euren Ideen geben, sondern ihre Kooperation ist wichtig für die Entscheidung. Im Zweifel muss der andere Elternteil sich über längere Zeit mehr um Kinder und Haushalt kümmern, während ihr Wochenendseminare besucht, oder wird zeitweise Alleinernährer*in. Um Konfliktpotenzial im Alltag zu reduzieren, sind deshalb von Anfang an Kommunikation und Akzeptanz immens wichtig. Das gilt übrigens nicht nur für die berufliche Neuorientierung, sondern auch für den Wiedereinstieg in den alten Beruf. Wenn beide wieder arbeiten, steigt schließlich auch die Taktung unseres Familienalltags. Beide Elternteile müssen sich mehr einbringen und gleichzeitig bereit sein, Abstriche zu machen – vielleicht bei der Sauberkeit der Wohnung, vielleicht übergangsweise in der Zeit für sich, in der Partnerschaft oder sogar bei den Kindern, möglicherweise auch beruflich. Wie wir den neuen Alltag als berufstätige Eltern organisieren und vor allem entzerren können, dazu kommen wir im Kapitel zur Vereinbarkeit auf Dauer ganz ausführlich. Doch vorher widmen wir uns der spannenden Frage, welche Erfahrungen Eltern machen, wenn sie wieder arbeiten gehen.

Wie erleben Eltern ihren Wiedereinstieg? Drei Erfahrungsberichte

Darüber habe ich mit zwei Müttern und einem Vater gesprochen. Sie alle waren ganz unterschiedlich lange in Elternzeit und haben auch ganz unterschiedliche Ansprüche an ihren Beruf.

Maria kehrte beim zweiten Kind nach drei Monaten an den Arbeitsplatz zurück.

Unser erstes Kind bekamen wir mit 23 Jahren. Damals waren wir noch jung und unbedarft inmitten unseres Studiums. Wir brauchten uns keine Sorgen um die Vereinbarkeit und Elternzeit machen. Wir nahmen die Kleine einfach mit in die Vorlesungen oder in die Bibliothek und wechselten uns mit der Betreuung ab. Als ich dann mit unserem Sohn schwanger wurde, sah die Welt schon ganz anders aus. Wir hatten gerade unseren Abschluss in der Tasche und wollten endlich eigenes Geld verdienen. Allerdings musste mein Mann jeden Tag viele Kilometer zu seinem Job als Sozialarbeiter pendeln, und wir waren schon länger auf der Suche nach einer besseren Lösung für die Familie. Da bekam ich das Angebot, als Beraterin im öffentlichen Dienst anzufangen – direkt nach dem Mutterschutz. Mein Mann und ich entschlossen uns also, die »traditionellen« Rollen über Bord zu schmeißen. Ich ging sofort nach dem Mutterschutz wieder arbeiten, und mein Mann blieb in Elternzeit mit dem Baby zu Hause. Wir sind beide in der DDR und deshalb mit berufstätigen Müttern groß geworden. Für uns und unsere Familien war dieser Schritt also gar nicht so ungewöhnlich. Auch mein Arbeitgeber hat meinen Einstieg gar nicht groß hinterfragt. Aufgefallen ist der ungewöhnliche Schritt eher dadurch, dass mein Mann die ersten acht Wochen meinen Sohn regelmäßig zum Stillen vorbeibrachte. Danach entschieden wir uns für Abpumpen und Fläschchen. Ständig auf der Arbeit mein Baby zu sehen, fiel mir schwer. Blöde Sprüche oder Ablehnung spürte ich dagegen selten – weder auf der Arbeit noch im Freundeskreis. Und wir selbst haben uns vor allem modern gefühlt. Auch der Familienalltag funktionierte erstaunlich gut. Ich ging um 6 Uhr am Morgen aus dem Haus und kehrte schon um 14.30 Uhr wieder zurück. Mein Mann besuchte am Vormittag Krabbelgruppe und Musikkreise, spielte mit dem Kind und schmiss den Haushalt. Am Nachmittag kam unsere Tochter aus der Kita, und wir konnten den restlichen Tag als Familie genießen. Natürlich gab es auch Momente, in denen ich mit unserer Entscheidung gehadert habe. Ich habe zwar schnell Karriere gemacht und konnte bald von der Behörde in ein Bundesministerium wechseln. Gleichzeitig verpasste ich die ersten Schritte und Worte meines Sohnes und fühlte mich am Nachmittag oft ein bisschen abgehängt und außen vor. Mein Mann war immer derjenige, der sich mit anderen Müttern zu Playdates traf oder beim Kinderarzt über alle Entwicklungsschritte Bescheid wusste. Und mein Sohn war in den ersten zwei Jahren sehr fixiert auf meinen Mann. Insgesamt haben wir die Entscheidung aber nie wirklich bereut. Immerhin hat sie uns in Sachen Gleichberechtigung ein ganzes Stückchen weitergebracht. Wir sind heute wissenstechnisch auf dem gleichen Stand. Mein Mann kennt anders als viele andere Väter sowohl den Namen des Kinderarztes als auch die aktuelle Kleidergröße. Außerdem teilen wir uns seither die Care-Arbeit gerechter auf. Als unser drittes Kind geboren wurde, haben wir uns trotzdem wieder für einen Rollentausch entschieden. Diesmal ging ich zwölf Monate in Elternzeit und begann ein zweites Studium. Mein Mann beendete seine Promotion und stieg voll ins Berufsleben ein. So konnte ich auch nochmal die spannenden Erfahrungen der Elternzeit machen und bei allen ersten Malen dabei sein.

Sebastian arbeitet in der Veranstaltungsbranche und war mit seiner Tochter 14 Monate in Elternzeit.

Dass ich länger in Elternzeit gehen möchte, war mir eigentlich schon vor der Geburt klar. Als Vater will ich im Leben meiner Tochter präsent sein, und dafür ist eine lange Elternzeit doch die beste Gelegenheit. Dazu kommt, dass mein Job in der Veranstaltungsbranche nicht gerade familienfreundlich ist. Gerade bei großen Veranstaltungen sind die Tage lang, und oft war ich für Messen im ganzen Land unterwegs. Auch finanzielle Aspekte spielten bei der Entscheidung für meine Elternzeit eine Rolle. Meine Frau verdient viel besser als ich. Deshalb machte es einfach Sinn, dass wir uns die Elternzeit aufteilen. Am Ende waren es bei mir sogar ein paar Elternzeit-Monate mehr als gedacht. Grund dafür war meine ehemalige Teamleitung. Unser Verhältnis war schon kinderlos mehr als schlecht, und ich sehnte mich nach einer Veränderung. Statt ganz zu kündigen, ging ich also in Elternzeit. Meine Frau kehrte nach acht Monaten an ihren Arbeitsplatz zurück. Ich habe die Zeit mit meiner Tochter sehr genossen. Natürlich waren die Tage manchmal zäh und Nächte mit Zähnen oder Bauchschmerzen deutlich anstrengender als die Arbeit auf der Messe. Aber die Zeit war auch sehr intensiv und schön. Wir waren viel auf Spielplätzen und in Babykursen unterwegs und sind regelmäßig zum Babyschwimmen gegangen. Auch mit meinen kinderlosen Freunden habe ich mich oft getroffen. Natürlich übernahm ich auch das Einkaufen und den Haushalt. Am Ende der Zeit habe ich noch die Kita-Eingewöhnung gemacht und danach bin ich wieder in meinen Job als Veranstaltungskaufmann zurückgekehrt. Auch das hat ziemlich reibungslos geklappt. Meine ehemalige Teamleitung hatte inzwischen das Unternehmen verlassen. Zum Glück! Im Nachhinein habe ich sogar erfahren, dass sie wegen der langen Elternzeit sogar meinen Rauswurf gefordert hatte. Zum Glück ging mein Arbeitgeber darauf nicht ein. Ich konnte sogar an meinen alten Arbeitsplatz als Junior-Projektmanager zurückkehren und das auch noch zu familienfreundlichen Konditionen. Ich arbeite jetzt nur noch dreißig Stunden pro Woche und übernehme möglichst wenig Veranstaltungen außerhalb meiner Heimatstadt. Auch Dienstreisen stehen nicht mehr spontan an, sondern werden weit im Voraus geplant. So können meine Frau und ich uns die Arbeit gut aufteilen. Jeder hat lange und kurze Tage, niemand muss stark zurückstecken. Natürlich war die Umstellung von der Elternzeit zurück an den Arbeitsplatz anfangs schwierig. Gerade um 10 und 14 Uhr, also den klassischen Mittagsschlafzeiten meiner Tochter, brauchte ich oft einen großen Kaffee. Und die ersten Tage habe ich gefühlt nur damit verbracht, die Fragen meiner Kolleg*innen zu beantworten. Immerhin war ich der erste Papa im Unternehmen, der eine so lange Auszeit genommen hat. Nach zwei Wochen war diese Schonfrist vorbei. Eine Kollegin fiel länger aus, und ich übernahm ihre Projekte. Aus heutiger Perspektive kann ich sagen, dass die lange Elternzeit ein absoluter Gewinn war. Ich habe ein tolles Verhältnis zu meiner Tochter, bin für sie eine wichtige Bezugsperson. Außerdem bin ich viel geduldiger und entspannter geworden. Positive Aspekte spüre ich auch beruflich. Ich bin fokussierter und effizienter als früher – vielleicht auch, weil ich weiß, dass um 15 Uhr mein kleines Mädchen in der Kita wartet und wir einen tollen Nachmittag auf dem Spielplatz verbringen. Sollten wir noch ein zweites Kind bekommen, würde ich nochmal in Elternzeit gehen, gerne wieder für mehr als nur zwei Monate.

Svenja blieb für ihre beiden Kinder viereinhalb Jahre zu Hause und kehrte danach in Teilzeit zurück.

Fast viereinhalb Jahre in Elternzeit zu bleiben, war so nicht geplant. Eigentlich wollte ich nach anderthalb Jahren an den Arbeitsplatz zurückkehren, und meine Tochter sollte dann in die Kita gehen. Doch die frühe Rückkehr fühlte sich nicht richtig an. Meine Tochter brauchte als Baby viel Zuwendung, war ein absolutes Trage-Kind. Ein früher Kita-Start hätte sie vermutlich überfordert. Deshalb entschlossen wir uns, noch ein Jahr länger zu warten. Ich verlängerte meine Elternzeit. Mein Mann nahm »nur« die obligatorischen zwei Väter-Monate. Das war vor allem eine rationale Entscheidung. Mein Mann verdient deutlich mehr als ich. Bei einer partnerschaftlichen Aufteilung der Elternzeitmonate hätten wir unseren Lebensstandard nicht halten können. Meine lange Elternzeit war also das Beste für alle. Meine Tochter und ich haben die Zeit zu Hause auch sehr genossen. Mit fast drei Jahren war sie bereit für die Kita, der Start klappte reibungslos. Heute geht sie unheimlich gern dorthin. An meinen Arbeitsplatz kehrte ich trotzdem nicht zurück – schließlich war ich zu diesem Zeitpunkt bereits wieder hochschwanger. So ging die eine Elternzeit direkt in die andere über. Unsere zweite Tochter sollte genauso lange zu Hause bleiben dürfen. Das war nur gerecht, und wir hatten schließlich mit dem Modell gute Erfahrungen gemacht. Natürlich habe ich in dieser langen Zeit auch die Arbeit im Büro vermisst – gerade im letzten Jahr der Elternzeit wuchs mein Bedürfnis, mal wieder etwas anderes zu machen als nur Haushalt und Kinder. Zum Glück zeigte sich mein Arbeitgeber sehr familienfreundlich, und ich konnte nach dem Ende der Elternzeit in die gleiche Position und die gleiche Abteilung zurückkehren. Inzwischen war meine Nachfolgerin nämlich selbst in Elternzeit. Auch wenn ich im Moment nur 16 Stunden arbeite, war die Umstellung gerade am Anfang ziemlich groß. Nach fast fünf Jahren hatte sich viel verändert. Es gab viele neue Kolleg*innen, neue Aufgaben im Team, außerdem hatte das Unternehmen mit einem Wettbewerber fusioniert. Dadurch gab es noch ein neues IT-System. Außerdem musste ich durch die Corona-Pandemie im Homeoffice einsteigen. Ich war nur einmal kurz im Büro, um mir einen Laptop und Unterlagen zu holen. Zum Glück gab es eine nette Kollegin, die all meine Fragen beantwortete und mir Aufgaben gab. Das erleichterte den Einstieg etwas. Auch wenn sich alles noch ein bisschen holprig anfühlt, bin ich über meine Rückkehr sehr glücklich. Endlich habe ich mal wieder andere Dinge im Kopf und bin wieder Teil der Welt der »richtigen Erwachsenen«. Es dreht sich nicht mehr alles nur um Windeln, Wäsche und das Mittagessen. Ich genieße es, mich für eine Videokonferenz oder ein Meeting im Büro zu schminken und morgens einen Blazer überzuziehen. Das habe ich für den Spielplatz nicht gemacht. Das heißt aber nicht, dass ich die lange Elternzeit nicht missen möchte. Es war eine tolle Zeit, sehr bereichernd für mich und die Kinder. Ich bin geduldiger geworden, habe eine andere Perspektive auf den Alltag bekommen und ruhe mehr in mir. Trotzdem möchte ich mittelfristig wieder mehr arbeiten: 25 bis dreißig Stunden wären mein Ziel. Auch auf die Rückkehr ins Büro und den regelmäßigen Austausch mit den Kolleg*innen freue ich mich sehr. Mehr Stunden würde natürlich auch bedeuten, dass wir uns als Eltern die Kinderbetreuung und den Haushalt mehr aufteilen müssen. Mein Mann hilft schon viel im Haushalt und kümmert sich liebevoll um unsere Kinder. Schön wäre es aber, wenn er sich auch proaktiv um Dinge kümmert und nicht nur meine »Anweisung« befolgt. Das würde mir viel Last von den Schultern nehmen.

Vereinbarkeit auf Dauer

Eine Bestandsaufnahme: Was muss sich verbessern?

Wir haben vor der Geburt über unsere zukünftigen Rollen als Mutter und Vater gesprochen, sind als Familie zusammengewachsen, haben das erste Jahr mit Baby und die Elternzeit genossen, und sogar der Wiedereinstieg in den Beruf klappte einigermaßen reibungslos. Doch nun wartet die echte Herausforderung auf uns. Und zwar spreche ich von dem täglichen Spagat zwischen den Kindern, dem Job, dem Haushalt und natürlich auch uns selbst und unserer Partnerschaft. Die Balance und gleichzeitig alles in Bewegung zu halten, ist alles andere als einfach. In diesem Kapitel habe ich Ideen gesammelt, die uns den Familienalltag und die Vereinbarkeit auf lange Sicht erleichtern sollen. Manche dieser Ansätze passen nicht ganz zu klassischen Rollenbildern – aber deren größter Fan bin ich ohnehin nicht, wie ihr bereits festgestellt habt. Während ich diese Zeilen schreibe, bin ich bereits zu der Erkenntnis gekommen, dass ein einfaches »Weiter so« hinsichtlich Vereinbarkeit nicht funktioniert. Wir müssen nicht weniger als eine Kulturrevolution in der Familie anzetteln – mit Rollenbildern brechen, Erwartungen über Bord werfen, Verzicht lernen und Pragmatismus leben. Denn jeder

Versuch, die Bedürfnisse aller – Kinder, Partner*in, Arbeitgeber – perfekt zu erfüllen, immer alles wollen, ist zum Scheitern verurteilt. Deshalb rege ich an, dass ihr euch zum Einstieg in dieses Kapitel einmal fragt: Was ist mir wichtig und auf welche Dinge kann ich verzichten – für ein bisschen mehr Zeit mit der Familie oder mich selbst, für ein bisschen weniger auf Kante genähten Alltag, der sofort ins Schwanken gerät, wenn das Kind mit bellendem Husten oder leichtem Fieber aufwacht. Wir sollten wegkommen von bis auf die letzte Minute durchgeplanten Tagen, stattdessen brauchen wir mehr Puffer und mehr freie Zeit für uns selbst und für unsere Familie. Im Vorgespräch zu einem Interview sagte mir eine Mutter, dass sie in der Vereinbarkeitsdebatte oft das Gefühl hat, dass unsere Kinder als »Problem« und Hindernis für Vereinbarkeit gesehen werden und es vor allem darum geht, sie »wegzuorganisieren«, damit wir arbeiten und Karriere machen können. Dieses Gefühl soll in meinem Buch nicht aufkommen. Stattdessen möchte ich nach neuen Rahmenbedingungen suchen, die es uns ermöglichen, viel und schöne Zeit als Familie zu verbringen. Natürlich will, kann und brauche ich das Rad dabei nicht neu zu erfinden. Immerhin haben wir, was die Vereinbarkeit unserer Lebensbereiche angeht, in den letzten Jahren schon einige Fortschritte gemacht. Vielleicht sind heute Kind und Beruf so vereinbar wie noch nie. Vor allem die Einführung des Elterngelds 2007 hat viel verändert. Mütter kehren schneller wieder zurück an den Arbeitsplatz, arbeiten mehr Stunden, und Väter gehen häufiger in Elternzeit und wünschen sich mehr Zeit für ihre Familie.[69] Auch die Betreuungsangebote für die Unter-Dreiährigen werden langsam, aber stetig besser. Trotzdem brauchen wir noch mehr Anstrengungen und noch mehr Veränderungen, damit Vereinbarkeit keine Herausforderung mehr ist, sondern eine Selbstverständlichkeit, auch wenn beide Elternteile arbeiten und der Nachwuchs in die Kita oder Schule geht. Ein Beispiel für den Nachholbedarf: Mütter tragen immer noch die Hauptlast der Vereinbarkeit. Die Durchschnittsmutter geht mit knapp zwölf Monaten deutlich länger in Elternzeit als der Durchschnittsvater, arbeitet mit zwanzig Stunden deutlich weniger. Die meisten Paare leben damit im Zuverdienermodell. Die Männer sind noch immer Hauptverdiener, zu 93,7 Prozent vollbeschäftigt. Die meisten Mütter arbeiten in Teilzeit und tragen im Schnitt nur ein knappes Viertel des Familieneinkommens bei.[70] Umgekehrt ist das Verhältnis bei der unbezahlten Hausarbeit. Hier übernehmen die Mütter sechzig Prozent.[71] Damit wird Vereinbarkeit für die Frauen noch mehr zum Problem: Sie sind mit Kinderbetreuung, Haushalt und nun noch dem Beruf beschäftigt. Doch es gibt Hoffnung. Immerhin zeigen Untersuchungen wie der Väterreport 2018, dass sich immer mehr junge Eltern eine gleichberechtigte Aufteilung von Haushalt, Kindern und Beruf wünschen.[72] Leider setzen nur 15 Prozent diesen Plan wirklich in die Tat um. Gleichberechtigung muss man sich schließlich leisten können. So gehen vor allem Akademiker*innen mit gleichem Lohnniveau gleichberechtigt in Elternzeit. Aber natürlich spielen auch gesellschaftliche Erwartungen eine wichtige Rolle. Die Frau wird immer noch vor allem als Mutter gesehen und der Mann als Familienernährer. Kein Wunder: Mit diesen Rollenmustern sind die meisten von uns aufgewachsen. Und sie halten sich wacker, wie wir bereits im Abschnitt über den Müttermythos erfahren haben. Diese angestaubten Rollenmuster über Bord zu werfen und mehr Gleichberechtigung zu wagen, ist eine ganz persönliche Aufgabe.

Die Politik ist in der Pflicht: Die Politik kann diese (Weiter-)Entwicklung von Familie fördern. Mit der Einführung des Elterngeldes, aber auch mit dem Rechtsanspruch auf einen Krippenplatz hat sie bereits einige große Schritte in die richtige Richtung getan. Nun darf es aber keinen Stillstand geben. Vor allem das Ehegattensplitting muss dringend abgeschafft werden. 1958 beschlossen, ist es längst aus der Zeit gefallen. Es drängt Frauen in die Rolle der Zuverdienerin und benachteiligt Alleinerziehende.[73] Bei Ehepaaren werden nämlich beide Einkommen addiert und dann durch zwei geteilt.[74] Für Männer, die häufig mehr verdienen als ihre Partnerin, bedeutet das oft einen geringeren Steuersatz, für Frauen dagegen eine höhere Steuerbelastung. Sie überlegen sich also zweimal, ob sie wirklich mehr arbeiten wollen, nur um höhere Steuern zu zahlen und weniger Zeit für die Familie zu haben. Dass das Ehegattensplitting noch nicht abgeschafft wurde, ist aus meiner Sicht ein fatales Zeichen in Sachen Vereinbarkeit. Gleiches gilt für den Gender Pay Gap – also die großen Lohnlücken zwischen Frauen und Männern, die auch die Familie belasten. Denn erst wenn Frauen und Männer gleich entlohnt werden, können Eltern wirklich frei entscheiden, wer wie lange in Elternzeit geht oder wer seine Arbeitszeit reduziert. Eine mögliche Lösung wäre hier eine Verpflichtung zur Transparenz bei den gezahlten Löhnen oder, noch radikaler, eine gesetzliche Verpflichtung zur gleichen Bezahlung, wie in Island.[75] Außerdem muss die Rentengerechtigkeit dringend stärker in Angriff genommen werden. Auch hierfür ist die Überwindung des Gender Pay Gaps dringend nötig. Eine denkbare Variante wäre, Care-Arbeit – egal ob Kinderbetreuung oder Pflege von Angehörigen – stärker auf die Rente anzurechnen und so Altersarmut von Frauen besser aufzufangen. Außerdem sollten typische Frauenjobs in Pflege, Erziehung oder Service deutlich besser bezahlt werden. Immerhin sind die oft absolut systemrelevant. Und natürlich muss die Kinderbetreuung in Kindertagesstätten und Schulen weiter ausgebaut werden. Bundesweit fehlen massiv Betreuungsplätze[76], auch der Betreuungsschlüssel ist vielerorts kaum kindgerecht.[77] Das Gute-Kita-Gesetz kann hier nur der Anfang sein. Die Politik muss viel stärker in die Qualität der frühkindlichen Bildung investieren – zum Wohl der Kinder und zur Verbesserung der Vereinbarkeit.

Natürlich darf der Ausbau von Betreuungsplätzen nicht bei den Kita-Kindern stehenbleiben. Gerade im Bereich Ganztagsschule sind noch viel stärkere Investitionen nötig. Es kann nicht sein, dass Kinder vom ersten bis zum sechsten Lebensjahr betreut werden und es in der Grundschule nach Schulschluss keine entsprechenden Angebote gibt. Nicht selten müssen Eltern nach der Einschulung ihre Arbeitszeit wieder deutlich reduzieren. Immerhin soll ab 2025 jedes Grundschulkind Anspruch auf eine Ganztagsbetreuung haben.[78] Wichtig ist, dass es dabei nicht nur um Verwahrung geht, sondern dass es wirklich angemessene pädagogische Angebote wie Arbeitsgemeinschaften, Hausaufgabenbetreuung oder Sportangebote gibt.[79]

Die Arbeitswelt muss familienfreundlicher werden: Zu guter Letzt müssen natürlich auch die Unternehmen ihren Beitrag zur besseren Vereinbarkeit leisten. Familienunfreundliche Arbeitszeiten und eine Präsenzkultur, die durch die Corona-Pandemie immerhin etwas wackelt, erschweren bis heute die Vereinbarkeit. Umso wichtiger ist der Kulturwandel in der Arbeitswelt – auch gerne mit New Work umschrieben. Dahinter steckt nicht nur die Frage nach dem Sinn und der Freude an der Arbeit, sondern auch ein Wandel der Arbeitskultur. Regulierte Arbeitsstrukturen, starre Hierarchien, eine Nine-to-Five-Präsenzkultur werden in Zukunft immer mehr zu Relikten. Bereits heute kann die Hälfte aller Arbeitnehmer*innen in Deutschland dank

Cloud-Anwendungen, Smartphone und Laptop flexibel und unabhängig von Ort und Zeit arbeiten – Tendenz steigend.[80] Nicht mehr jeden Tag ins Büro fahren zu müssen, sich die Arbeit nach Wunsch einzuteilen, darin liegt großes Potenzial für mehr Freiheit, Selbstbestimmung und vor allem Vereinbarkeit von Beruf und Familie. Eine Blitzumfrage im Freundeskreis ergab, dass die Arbeit im Homeoffice bei vielen Familien bis zu zwei Stunden täglichen Arbeitsweg einspart. Attraktiv erscheint auch die Reduzierung der Arbeitszeit. Würden wir alle nur dreißig Stunden arbeiten und trotzdem genug Geld für den Lebensunterhalt bekommen, bliebe mehr Zeit fürs Familienleben und Selfcare – der Lohn dafür wären gesündere und glücklichere Familien (und damit auch Arbeitnehmer*innen). Wer nun sagt: New Work oder Dreißig-Stunden-Wochen sei nur ein Thema für Kopfarbeiter*innen, liegt falsch. Eine Kita oder ein Krankenhaus kann den Mitarbeiter*innen vielleicht nur in begrenztem Umfang Homeoffice anbieten, aber auch diese Einrichtungen können trotzdem nach neuen und familienfreundlichen Arbeitsmodellen suchen oder mehr Mitbestimmung bei der Gestaltung von Arbeitsplätzen oder Schichtplänen zulassen – das steigert die Zufriedenheit und die Vereinbarkeit. Natürlich sind auch wir selbst gefragt. Wir müssen unsere Macht nutzen und Familienfreundlichkeit aktiv einfordern und gestalten. Denn die Arbeitgeber*innen werden uns über kurz oder lang folgen, in Zeiten des Fachkräftemangels sind wir als Mütter und Väter wertvolle Expert*innen, selbst wenn wir nicht mehr bereit sind, unser Leben komplett dem Job unterzuordnen, selbst wenn wir weniger arbeiten wollen oder schon um 15 Uhr das Büro verlassen, um dem Nachwuchs beim Kicken oder Tanzen zuzusehen. Doch genug der Wunschlisten und Klagen, kommen wir endlich zum praktischen Teil des Kapitels, und zwar den Tipps für mehr Vereinbarkeit im Alltag. Beginnen möchte ich mit dem wichtigsten Teil der Vereinbarkeit – und zwar der eigenen Familie.

Erste Säule der Vereinbarkeit: Die Familie

Die erste und aus Sicht vieler Eltern wichtigste Säule der Vereinbarkeit ist die Familie. Wir wollen Zeit mit unseren Lieben verbringen. Eine wichtige Voraussetzung dafür sind weniger Stress und weniger Druck im Alltag – und das geht leichter als gedacht zum Beispiel mit mehr Routinen am Morgen und Abend, mit konsequentem Entrümpeln des Alltags und Jobsharing im Haushalt und bei der Kinderbetreuung.

Die Morgenroutine

Einschlägige Businessmagazine berichten gerne über die Morgenroutinen erfolgreicher Unternehmenslenker*innen – Yoga oder mindestens aber Joggen um 5 Uhr morgens, mehrmals am Tag meditieren oder auch jeden Tag ein Sachbuch lesen. Mein Morgen dagegen besteht aus unter die Dusche schleichen, ohne das Kind zu wecken, viel Kaffee und der Hoffnung, das Ganze ohne unnötiges Gemecker zu überstehen. Ok, die meisten von uns sind aber auch keine Chef*innen eines milliardenschweren Software-Konzerns oder Fitness-Influencer*innen. Trotzdem macht es Sinn, auch als Eltern über Morgenroutinen als

Familie nachzudenken. Denn wenn zwei Erwachsene an den Arbeitsplatz kommen und zwei Kinder morgens in die Schule oder Kita gebracht werden müssen, bricht schnell Chaos aus. Das wiederum führt zu Stress. Wir treiben die Kinder zur Eile an, schimpfen und kommen am Ende völlig kaputt auf der Arbeit an. Eine Kollegin sagte mal zu mir, wenn sie ihre Kinder in die Kita gebracht hat und am Schreibtisch angekommen ist, liegt der schwerste Teil des Tages bereits hinter ihr. Diese Aussage kann ich durchaus verstehen. Trotzdem finde ich sie etwas schade. Abhilfe könnten ein paar Morgen-Routinen schaffen. Auch wenn dieser Vorschlag auf den ersten Blick nach mehr Regeln und Zwängen klingen mag, hilft er doch, viele Situationen zu entspannen. Ja, feste Rituale sparen sogar Zeit, nehmen Entscheidungen ab, entzerren den Morgen oder den Abend, verhindern Diskussionen und geben unseren Kindern (und uns selbst) Sicherheit und Halt. Außerdem bekommt der Nachwuchs ein besseres Zeitgefühl.[81] Doch wie sieht eigentlich eine gute Morgenroutine für die eigene Familie aus? Die ernüchternde Antwort: Ein Patent-Rezept gibt es nicht, auch Gewohnheiten von erfolgreichen Menschen nachzuahmen, hilft wenig. Stattdessen folgt nun ein typischer Coachingsatz: Ihr müsst selbst herausfinden, was euch und eurer Familie guttut und zu eurem Alltag passt. Für den Weg dorthin habe ich ein paar Tipps zusammengetragen – mit freundlicher Unterstützung von *Mama-in-Balance*-Coachin Hanna Drechsler, die mir als Gesprächspartnerin für diese Recherche zur Verfügung stand.

Schritt 1: Verschafft euch einen Überblick

Was muss an einem normalen Morgen alles erledigt werden und welche zeitlichen Vorgaben gibt es? Wer von euch muss zuerst auf der Arbeit sein? Wann beginnt die Schule oder der Kindergarten? Wie viel Zeit braucht ihr für Duschen, Frühstück und Schulweg? Außerdem geht es um die Vorlieben bei der Gestaltung. Legt ihr Wert auf ein gemeinsames Frühstück, oder kann auch einer von euch früh mit der Arbeit beginnen und dafür den Nachmittag mit dem Nachwuchs gestalten? Mit diesen Fragen im Kopf macht ihr euch an einen ersten Morgenplan vom Aufstehen bis zum Verlassen des Hauses. Schaut dabei nicht nur auf die zu erledigenden Aufgaben und Zeiten, sondern auch auf Punkte, an denen es häufiger zu Konflikten kommt – beim Aufstehen, beim Zähneputzen oder dem endgültigen Aufbruch. Ganz wichtig: Euer Morgenplan sollte ein paar kleinere Puffer haben – für ein bisschen Spielen, das Vorlesen eines Buches oder ein kurzes Gespräch über eine bevorstehende Klassenarbeit. Um diese Zeit auch zu haben und den Morgen zu entzerren, kann es helfen, eine halbe Stunde früher aufzustehen oder schon möglichst viel am Abend zu erledigen – zum Beispiel den Frühstückstisch zu decken oder den Schulranzen zu packen. Natürlich solltet ihr nicht nur daran denken, was euren Kindern hilft, sondern auch auf eigene Morgenvorlieben Rücksicht nehmen. Wenn ihr unbedingt Yoga machen oder Joggen gehen wollt, schafft euch auch dafür Raum und Zeit – entweder durch die Unterstützung des Partners oder der Partnerin, der Großeltern oder eben frühes Aufstehen.

Schritt 2: Verteilt die Aufgaben

Jobsharing spart Zeit und Kraft. Also teilt ruhig auf, wer sich um das Frühstück und die gepackten Schulsachen kümmert, das Anziehen und Zähneputzen begleitet oder den Weg in die Kita übernimmt. Ob diese Rollen täglich wechseln oder doch fest verteilt sind, hängt natürlich von eurem Alltag ab. Die Aufgabenteilung bedeutet übrigens nicht, dass ihr beide den ganzen Morgen anwesend sein müsst. Vielleicht übernehmt ihr einfach im Wechsel die Morgen- und die Abendroutine.

Schritt 3: Findet die Routine

Nach der Planung kommt die Umsetzung in die Praxis und die ist, wie so oft im Leben, erstmal schwer. Die Verhaltenspsychologie sagt, dass man neue Verhaltensweisen oder Tätigkeiten 66 Tage lang ausüben muss, bevor sie wirklich zur Routine werden. So ist es auch bei dem Plan für den Morgen. Gerade am Anfang kann es durchaus drunter und drüber gehen. Trotzdem solltet ihr eurem Plan ein paar Tage Zeit geben und gleichzeitig flexibel bleiben, um alles, was sich nicht richtig anfühlt, wieder zu verwerfen. Vielleicht bemerkt ihr ja doch, dass ihr nicht auf das gemeinsame Frühstück als Familie verzichten wollt, oder dass der Plan, um 6 Uhr ins Büro zu gehen, eine Sackgasse war. Dann probiert ihr einfach etwas anderes. Hilfreich ist es auch, die Routine mit den Kindern zu teilen und sie damit transparent zu machen. Dafür bieten sich zum Beispiel einfache Magnet-Bilder oder Aufgaben-Tafeln an. Darauf sind typische Aufgaben des Morgens vermerkt – also Aufstehen, Frühstück, Spielen, Tanzen, Abräumen, Waschen, Anziehen, Losfahren. Am besten eignen sich dafür Bilder, die auch schon kleine Kinder verstehen können. Außerdem ist es hilfreich, den »Fortschritt« aufzuzeigen. Zum Beispiel könnten erledigte Aufgaben umgedreht, mit einem Herz markiert oder ein Spielstein mit dem Bild des Kindes vor zur nächsten Aufgabe gestellt werden. Diese Visualisierung hilft Kindern ungemein und verleiht dem durchgetakteten Morgen einen spielerischen Charakter.

Schritt 4: Bestärkt eure Kinder und bindet sie mit ein

Wir erwarten im Alltag ziemlich viel von unseren Kindern. Einerseits wollen wir als moderne, bindungsorientierte Eltern ihre Wünsche und Bedürfnisse respektieren, andererseits erwarten wir vor allem am Morgen das »Funktionieren«. Auch wenn uns ihre Verträumheit am Morgen manchmal auf die Palme bringt, sind die Kinder nicht das Problem. Ganz im Gegenteil: Aus Sicht meines vierjährigen Sohnes gibt es an diesem Morgen nichts Spannenderes als seine Dinosaurier und Feuerwehrautos, von der Tragweite eines Abgabetermins ahnt er nichts. Außerdem hat er in diesem Alter noch kein Zeitgefühl. Trotzdem erwarten wir, dass unsere Kinder schnell aufstehen, sich zügig anziehen und sich nicht im Spiel verlieren. Bleibt diese Kooperation aus, wächst unser Ärger. Ich weiß nicht, wie es euch geht, aber spätestens am Schreibtisch tut mir jedes Schimpfen über zu langsam angezogene Gummistiefel oder nicht weggeräumtes Lego leid. Ich empfehle deshalb einen regelmäßigen Perspektivwechsel und mehr Bewusstsein für die hohen Ansprüche an unsere Kinder. Denn mal ehrlich: Wir müssen demütig und dankbar gegenüber ihrer morgendlichen Leistung sein. Sie haben das allerhöchste Lob und größte Wertschätzung verdient für alle Dinge, die gut klappen. Wenn wir dagegen laut werden und schimpfen, hat dies den gegenteiligen Effekt, und alles läuft langsamer und mühsamer. Doch positive Bestärkung ist nur ein Teil der Lösung.

Der zweite ist auch hier, die Kinder in die Routinen mit einzubeziehen. Gerade in jungen Jahren lieben sie es, etwas selbstständig zu erledigen und mitzuhelfen. Also scheut euch nicht, euren Kindern kleine Aufgaben aufzutragen. Das Lego im Wohnzimmer wegzuräumen oder sich selbst anzuziehen, ist keine Kinderarbeit, sondern gibt ihnen das tolle Gefühl von Selbstwirksamkeit. Zusammen mit einer Visualisierung des Morgens nehmen wir ihnen außerdem ein wenig die Fremdbestimmung. Klar müssen sie noch in die Kita oder in die Schule, aber sie können den Weg dorthin selbst gestalten – fast wie wir Großen.

Routinen schaden auch am Rest des Tages nicht

Natürlich lassen sich all diese Ansätze auch auf andere Tageszeiten übertragen. An der Wand unserer Kindergarten-Gruppe hängt eine Holzleiste. Damit werden die Aktivitäten des Tages für alle Kinder sichtbar gemacht – Morgenkreis, Frühstück, freies Spiel, Ausflug in den Forscherraum oder ins Atelier, Mittagessen, Ruhepause und Snack, raus auf den Spielplatz. Ähnliche Tages- oder Wochenpläne könnt ihr auch für den Familienalltag nutzen, zum Beispiel, um feste Wochentermine wie Kinderturnen oder Fußball abzubilden. Ein inzwischen bei uns sehr etabliertes Ritual nach der Rückkehr aus der Kita ist ein gemeinsames Essen auf dem Sofa – je nach Jahreszeit Obst, Eis oder Kekse. Dazu lesen wir ein Buch oder schauen eine Kinderserie. Das hilft meinem Sohn und mir, abzuschalten und den anstrengenden Büro- bzw. Kita-Tag hinter uns zu lassen. Danach können wir in den Rest des Nachmittags starten. Hilfreich und schön zugleich sind auch die Abendrituale. Am Abend fällt zwar der Zeitdruck des Morgens weg, er ist aber für viele Familie trotzdem eine anstrengende Zeit, wenn es darum geht, die Kinder frühzeitig ins Bett zu bekommen, und zwar mit geputzten Zähnen und im Schlafanzug.

Rituale nach dem Abendbrot und vor dem Einschlafen geben den Kindern ein Gefühl von Verlässlichkeit, verhindern Konflikte und erleichtern ihnen sogar das Einschlafen. Stichwort: Gute-Nacht-Geschichte oder Einschlaflied. Dazu kommt, dass sie mit Zeitangaben wie »Acht Uhr ist Schlafenszeit« noch wenig anfangen können und sich an Abläufen orientieren müssen, um herauszufinden, wann es ins Bett geht. Darauf sollten wir als Eltern Rücksicht nehmen und diese immer ähnliche Struktur bieten – auch um Konflikte von vornherein zu vermeiden. Wie bei der Morgenroutine müsst ihr einen ganz persönlichen Weg finden, der zu eurer Familie passt. Das kann wieder einige Zeit in Anspruch nehmen, gerade wenn ihr erstmal ein paar Möglichkeiten ausprobiert und euren Nachwuchs auch mitentscheiden lasst. Habt ihr eine gute Struktur gefunden, macht es Sinn, daran festzuhalten. Wir zum Beispiel schätzen sehr das gemeinsame Abendessen. Das findet bei uns immer zwischen 17.30 und 18 Uhr statt – je nach Jahreszeit und Verfügbarkeit der Lieblingsspielkamerad*innen aus der Nachbarschaft. Das Abendbrot ist für uns mehr als eine reine Mahlzeit. Am Tisch werden die Geschichten des Tages erzählt, Pläne fürs anstehende Wochenende geschmiedet, wir sprechen aber auch über Sorgen. Diese Redezeit hilft dem Kind, die Erlebnisse des Kita- oder Schultages noch einmal Revue passieren zu lassen und damit abzuschließen. Das beruhigt ungemein, und der Redebedarf direkt vor dem Zubettgehen sinkt. Dann sprechen wir nicht mehr über die Irrungen und Wirrungen des Kindergartens und die harten Regeln des Spielplatzes, sondern nur noch über die wichtigen Fragen des Kindes – also warum ein Carnotaurus nur so kurze

Arme hatte und welche Geräusche ein Parasaurolophus wohl macht. Auch das Vorlesen vor dem Einschlafen gehört für mich persönlich zu den schönsten Momenten des Vaterseins. Ein Buch anzuschauen ist für die Kinder ein ziemlich guter Übergang zwischen der aktiven Zeit des Tages und der Ruhepause. Wir Erwachsenen sprechen vom »Abschalten« und nutzen dafür eher eine Serie oder das Daddeln auf dem Smartphone. Vorlesen ist natürlich viel intensiver. Oft ist es noch mit Kuscheln und Nähe verbunden. Das gibt den Kindern das Gefühl von Geborgenheit – eine wichtige Voraussetzung für einen guten Schlaf im eigenen Bett. Das aktive Zuhören und das Gespräch über die Lieblingsdinos erfordern trotzdem eine gewisse Konzentration. Das macht wiederum auf eine gute Weise müde.

Ein Smartphone hat dagegen im Bett eines Kleinkindes nichts zu suchen, schon gar nicht kurz vor dem Einschlafen. Dieses Reich gehört nur den Kuscheltieren, Kinderbüchern und Hörspielen. Auch mir als Vater hilft diese analoge Zeit auch beim Abschluss des Tages und stimmt mich auf den restlichen Abend ein. Noch ein Tipp zur Arbeitsteilung: Niemand sollte dauerhaft Morgen- und Abendroutine gleichzeitig übernehmen. Das ist einfach zu anstrengend. Vielleicht bringt Papa die Kinder ins Bett, und Mama hat dafür schon mal Zeit für sich – Stichwort: Selbstfürsorge.

Es macht durchaus Sinn, die kinderlose Zeit am Abend für eigene Routinen zu nutzen, zum Beispiel für Gespräche über den Tag, anstehende Aufgaben oder die aktuelle Gefühlslage. Natürlich darf man auch Abende einfach nur vor dem Fernseher verbringen oder alleine ein Buch lesen. Am besten haltet ihr es wie mit den Kindern: Findet heraus, welche Rituale euch guttun, und baut sie in euren Alltag ein. Auch wenn ich seit der Recherche für mein Buch ein großer Fan von Routinen geworden bin, plädiere ich auch für Ausnahmen – am Wochenende, im Urlaub, an Geburtstagen oder wenn ihr bei der Oma zu Besuch seid. Im Alltag sind »Nachjustieren« und Flexibilität immens wichtig. Auch wenn es wie eine Floskel klingt: Das Leben mit Kindern ist unvorhersehbar. Es wird Tage geben, da fallen die Kinder um 18 Uhr todmüde ins Bett, und andere, an denen die Einschlafzeit um 20 Uhr nicht einzuhalten ist. Wir können auch nicht immer alle zusammen Abendbrot essen. Deshalb sollten unsere Gewohnheiten auch kein starres Korsett sein, sondern eher eine Art Kompass im Familienalltag, der trotzdem genug Freiheiten lässt. Platz ist auch ein gutes Stichwort für mein nächstes Thema: die Überfrachtung des Alltags. Alle Routinen, alle Rituale sind wertlos, wenn wir kaum Platz für Freiheiten, für Müßiggang und Langeweile haben und stattdessen jede Minute verplant ist. Umso wichtiger ist deshalb die Entrümpelung des täglichen Lebens.

Alltag entrümpeln: Weniger ist mehr

Weniger ist mehr – in dieser alten Floskel steckt gerade in Bezug auf den Familienalltag viel Wahres. Unser Leben mit Kleinkindern ist oft sehr überfrachtet mit Terminen und Aufgaben. Deshalb macht es durchaus Sinn, ein bisschen auf die Bremse zu treten und überflüssige Aktivitäten zu streichen. Das Entrümpeln beginnt bei unseren Ansprüchen. Das Haus oder die Wohnung soll immer sauber und ordentlich sein, dazu noch stylish und maximal instagram-tauglich eingerichtet. Der Nachwuchs selbst ist am besten immer perfekt angezogen, die Kleidung immer Fair Trade und das Spielzeug hochpädagogisch. Dazu wollen wir unsere Kinder wie aus dem Elternratgeber erziehen – ganz ohne Schimpfen und immer auf Augenhöhe. Doch ein so perfektes Leben zu führen, ist schlicht nicht erreichbar, und danach zu streben macht höchstens unglücklich und sorgt für weiteren Stress. Natürlich ist es kaum möglich, sich völlig von dem eigenen Erwartungsdruck und dem anderer freizumachen. So können auch krampfhafte Versuche, Erwartungen loszulassen, irgendwann in Druck umschlagen. Nathalie Klüver, Journalistin und Expertin für »Entspannte Elternschaft«, rät stattdessen zu einem entkrampften Umgang mit Erwartungen und der wichtigen Frage nach eigenen Prioritäten. Was ist mir persönlich wichtig? Böden, von denen man essen könnte, selbstgekochtes und gesundes Essen oder immer topgestylte Kinder? Bei euren persönlichen Prioritäten könnt ihr ruhig Wert auf Perfektion legen. Bei allem anderen dürft ihr dagegen Nachsicht walten lassen. Wenn ihr keine Lust auf Basteln habt, dann kauft euren Kindern lieber eine fertige Laterne oder Schultüte und überlasst im Alltag das Basteln den Erzieher*innen in der Kita. Das ist allemal besser, als wild fluchend Kastanien zu kleben oder Tonpapier zuzuschneiden. Auch wenn es bei euch öfter Tiefkühlpizza oder was vom Italiener nebenan gibt, stößt das beim Nachwuchs eher auf Begeisterung als auf Ablehnung, und ihr seid nicht automatisch Rabeneltern. Ganz im Gegenteil: Die eingesparte Zeit könnt ihr für Dinge nutzen, die der gesamten Familie Spaß machen. In unserem Gespräch erzählt Nathalie Klüver, dass sie kein Fan davon ist, einen Freizeitpark- oder Zoo-Besuch an den anderen zu reihen. Es ist auch toll, einen Sonntag mit Disney-Filmen und Chips auf dem Sofa zu verbringen. Sie rät auch davon ab, jeden Nachmittag mit Spielgruppen, Musikunterricht oder Fußballtraining zu füllen. Das schont nicht nur elterliche Nerven und spart Benzin, es tut auch unseren Kindern gut. Ohne klare Vorgaben von außen, ohne Zeitdruck haben sie die Chance, eigene Regeln und Welten zu erfinden, kreativ zu sein, ihre Phantasie auszuleben und sich mit Erlebtem im Spiel auseinanderzusetzen. Die Dauerbespaßung nimmt dagegen genau diese Chance auf Neugier und Eigeninitiative. Außerdem übersehen wir bei unserer Planung von tollen Aktivitäten oft den kindlichen Wunsch nach Entspannung nach einem langen Tag oder einer langen Woche in Kita und Schule. Mein Sohn zum Beispiel sehnt sich nach sechs oder sieben Stunden mit vielen anderen Kindern erstmal nach ruhiger Zeit auf dem Sofa und der ungeteilten Aufmerksamkeit von Papa. Natürlich geht auch er gerne zum Fußball, Turnen oder am Wochenende zum Schwimmen. Nur eben nicht jeden Tag. Ein bis zwei feste Termine pro Woche reichen für Kleinkinder aus Sicht von Nathalie Klüver völlig aus, immer passend zu den Interessen und Bedürfnissen des Kindes, versteht sich. Die restliche Zeit darf es auch mal ruhig und »langweilig« sein oder es darf eben Platz für Verabredungen mit Freunden oder den Besuch auf dem nahegelegenen Spielplatz geben. Das entlastet den Familienkalender und schont unsere Nerven.

Gemeinsam ist es leichter

Natürlich bringen Alltag-Entrümpeln und Routinen herzlich wenig, wenn trotzdem die ganze Arbeit an einer Person – leider oft der Mutter – hängen bleibt. In diesem Buch habe ich schon öfter meine Begeisterung für eine gleichberechtigte Arbeitsteilung in der Familie deutlich gemacht – ich persönlich empfinde Gleichberechtigung als den besten, vielleicht sogar einzigen Weg hin zu mehr Vereinbarkeit. In diesem Abschnitt soll es deshalb nicht mehr um das »Warum« gehen, sondern um das »Wie«. Erinnert ihr euch noch an die Vorwerk-Werbung, in der eine Mutter sagte, sie führe ein sehr erfolgreiches, kleines Familienunternehmen? Davor sah man sie bügeln, putzen, den Kindern bei den Hausaufgaben helfen und kochen. 2006 folgte kein Aufschrei oder Protest, der Spot wurde unter »Wertschätzung« verbucht. Inzwischen hat sich die Welt weitergedreht – die Zahl der erwerbstätigen Mütter steigt deutlich. An der in der Vorwerk-Werbung gezeigten Welt hat sich aber wenig geändert. Immer noch übernimmt die Mutter die meiste Care-Arbeit, immer noch leitet sie das Familienunternehmen und trägt damit auch die mentale Last. Und als »Angestellter« unterstützt der Mann seine Frau mal mehr oder weniger, wenn sie ihm die Aufgaben zuteilt. Doch das ist kein Modell mit Zukunft: Jedenfalls, wenn wir verhindern wollen, dass Mütter sich über kurz oder lang zwischen Job, Haushalt und Kindern aufreiben, ohne Pause, mit dem Gefühl, keinem Bereich wirklich gerecht zu werden. Um beim Bild des Familienunternehmens zu bleiben: Es führt kein Weg daran vorbei, auf eine Doppelspitze zu setzen. Und wie in einer echten Firma sollten dabei beide »Geschäftsführer« einen Überblick über alle täglichen Abläufe und Aufgaben haben und gleichzeitig für eigene Bereiche die volle Verantwortung tragen. Jede*r Geschäftsführer*in arbeitet selbstständig und setzt seine beziehungsweise ihre eigenen Ideen um. Nur so lässt sich der Mental Load überwinden.

Zur Erinnerung: Der Mental Load entsteht aus der alleinigen Verantwortung einer Person für die gesamte Familienorganisation und dem Zwang, an alles denken zu müssen.

Wie kommt ihr zur Doppelspitze?
Familie ist Teamwork, und beide Partner sind für Kinder und Haushalt verantwortlich. Wenn ihr erkannt habt, dass es ein

Aufteilungsproblem gibt und etwas ändern wollt, ist ein erster, großer Schritt getan. Was danach folgt, erinnert an moderne Methoden aus dem Projektmanagement.

Aufgaben sammeln

Im ersten Schritt werden alle Aufgaben gesammelt, die im Familienalltag so anfallen. Mit zunehmendem Alter der Kinder kommen immer mehr dazu. Gleichzeitig wird die eigene Zeit eher knapper. Alltägliches wie Frühstück machen, Kinder in die Betreuung bringen, Hausaufgaben begleiten, Wäsche waschen, zu Freund*innen fahren oder Einschlafbegleitung müssen erledigt werden, genauso wie seltene Aufgaben wie Handwerker organisieren oder Elternabende in Kita oder Schule. Zu all diesen Aufgaben notiert ihr euch den zeitlichen Aufwand und die Häufigkeit. **Ganz wichtig:** Alle Aufgaben haben den gleichen Wert.

Aufgaben verteilen

Im zweiten Schritt macht ihr euch an die gerechte Verteilung. Dabei könnt ihr ruhig feste Zuständigkeitsbereiche festlegen. Der Vater ist für das Kochen, das Bringen in die Kita und das Abholen aus der Kita und vielleicht den Einkauf zuständig. Dafür kümmert sich Mama eher um die Einschlafbegleitung und die Wäsche. Zusätzlich gibt es immer neue Aufgaben – eine anstehende U-Untersuchung, ein Fest in der Grundschule oder Kita oder der TÜV für das Familienauto. Für die Verteilung dieser Extra-Aufgaben bietet sich ein wöchentliches Küchenmeeting an, das ihr am besten schon in der Babyzeit etabliert.[82] Dieser tolle Vorschlag stammt aus dem lesenswerten Buch *Die Frau fürs Leben ist nicht das Mädchen* *für alles* von Laura Fröhlich. Die Idee: Wir setzen uns am Sonntag zusammen, sprechen in Ruhe über die Termine der kommenden Woche und verteilen die Zuständigkeiten. Aus eigener Erfahrung kann ich sagen, dass solche kurzen Absprachen dabei helfen, entspannter und koordinierter durch die Woche zu kommen. Und länger als 15 Minuten dauert es selten.

Tools für mehr Gleichberechtigung

- **Digitaler Familienkalender:** Aus meiner Sicht kommt eigentlich keine Familie ohne digitale und synchronisierte Kalender aus. Im Prinzip ist es egal, ob ihr den Google-Kalender, euren Smartphone-Kalender oder eine App wie *Famanice* nehmt. Wichtig ist vor allem, dass ihr eure Familientermine jederzeit und überall im Blick habt. Tragt ruhig auch berufliche oder private Termine wie die Fortbildung am Wochenende oder die wöchentliche Yoga-Stunde ein. Ein weiterer Vorteil am digitalen Kalender ist die Möglichkeit, Informationen miteinander zu teilen. Genau das hilft ungemein dabei, anstehende Aufgaben selbstständig zu erledigen.
- **Küchenkalender:** Wer es etwas analoger schätzt, kann zum Familienkalender in der Küche greifen. Auch hier können wichtige Termine eingetragen und sichtbar gemacht werden. Das Problem ist allerdings die lokale Begrenzung. Den Küchenkalender habt ihr nicht immer dabei, euer Smartphone schon.
- **Projektmanagement-Tools:** Die Profi-Variante der Aufgabenverteilung ist die Nutzung von Projektmanagement-Tools wie Trello. Dabei lassen sich nicht nur wichtige Aufgaben und ihre Fälligkeit darstellen, sondern eben auch der Status ihrer Bearbeitung. Sicher liegen darin große Vorteile, ihr könnt eure Informationen noch besser teilen und schafft

noch mehr Transparenz über die Aufgabenverteilung und -erledigung. Außerdem bedeutet ein Alltag mit zwei berufstätigen Eltern und Kindern in Kita und Schule auch mehr Organisations- und Koordinationsaufwand. Jede Hilfestellung ist eine potenzielle Erleichterung für die beiden Familienmanager. Auf der anderen Seite müsst ihr natürlich selbst Gefallen an solchen Methoden finden. Es kann durchaus befremdlich wirken, wenn die Aufgabe »Geschenk für Oma Ernas Geburtstag kaufen« von der Planung ins Doing verschoben werden muss.

Im Alltag darf es ruhig pragmatisch sein

Nicht nur eine Neuverteilung der Aufgaben ist nötig, sondern auch eine Veränderung unserer Ansprüche und Haltungen – um im Business-Sprech zu bleiben, es braucht ein Gleichberechtigungs-Mindset. Wieder sind beide Seiten gefragt. Die Väter müssen sich mehr einbringen und mehr Verantwortung übernehmen und die Mütter mehr Platz dafür lassen – auch wenn es manchmal nicht nach ihren Vorstellungen läuft oder nicht ganz perfekt wird. Ohnehin tun wir gut daran, unsere Ansprüche herunterzuschrauben und Pragmatisch das neue Normal werden zu lassen – Dank geht an dieser Stelle an Patricia Cammarata für diesen tollen Leitspruch, den wir uns ruhig alle in das Wohnzimmer hängen sollten. Natürlich dürft ihr selbst entscheiden, was euch wichtig ist, wo eure Ansprüche hoch sind und wo ihr bereit seid, Abstriche zu machen. Die Fenster müssen nicht immer geputzt sein, das Gemüse nicht immer bio, frisch und regional sein, die Haare nicht immer perfekt sitzen, das Kinderzimmer nicht immer super aufgeräumt sein. Für die Entlastung im Alltag ist es wichtig, sich zu fragen, was ihr weglassen und welche Aufgaben ihr auslagern könnt – noch ein Thema für das wöchentliche Küchenmeeting. Und wenn ihr schon dabei seid, könnt ihr gleich noch über den aktuellen Stand der Gleichberechtigung sprechen. Welche Aufgabenverteilung hat gut geklappt, was war schwierig? Wie könnten wir den Alltag noch besser organisieren? Ich kann verstehen, dass jetzt viele von euch erstmal stöhnen: Das ist doch fast genauso viel Aufwand wie vorher – also für den, der den Mental Load vorher mit sich herumtrug. Da ist was dran. Gleichberechtigung bedeutet gerade am Anfang mehr, aber besser verteilte Arbeit und sehr viel mehr Kommunikation und Absprachen. Klar ist das anstrengend, aber eine Alternative gibt es nicht. Die Zeiten, in denen die Frauen das Familienoberhaupt nach der Arbeit mit Abendbrot und angewärmten Pantoffeln erwarteten und kleine, erfolgreiche Familienunternehmen alleine führen mussten, sind zum Glück langsam vorbei.

Doch wie funktioniert Gleichberechtigung in der Praxis? Laura und ihr Mann Anton haben zusammen drei Kinder. Sie arbeiten nicht nur beide dreißig Stunden, sondern teilen sich auch die Hausarbeit und Kinderbetreuung gleichberechtigt auf. Das war aber nicht immer so.

Mein Mann hat sich schon immer sehr viel um die Kinder gekümmert und den Haushalt gemacht. Trotzdem blieb nach meinem Empfinden das »Daran-denken-Müssen«, das die mentale Belastung extrem fördert, an mir hängen. Anfangs konnte ich den Grund für dieses Gefühl der permanenten Erschöpfung nicht recht in Worte fassen. Erst im Laufe der Zeit wurde mir klar, dass ich die Managerin der Familie war und mich dieser Umstand so ermüdete. Von Matschhosen für die Kita bis zum Geschenk für den Kindergeburtstag – diese Dinge nicht zu vergessen, fiel in meine Verantwortung. Ein Augenöffner-Moment war für mich (und auch für meinen Mann) die Beschäftigung mit dem Konzept des Mental Load. Je mehr ich zu der Last des Sich-um-alles-kümmern-Müssens las, desto mehr verstand ich unser Problem, desto mehr suchte ich nach Auswegen. Doch leichter gesagt als getan: Sich von der Rolle der alles im Blick habenden Mutter zu trennen, war gar nicht so einfach. Wir Frauen werden schließlich mit diesem starken Bild sozialisiert. Außerdem fiel es mir schwer einzugestehen, dass Gleichberechtigung doch kein natürlicher Prozess ist, sondern vor allem harte Arbeit erfordert. Mein Mann hat anfangs meine Wut und mein Hadern nicht verstanden, immerhin engagierte er sich ja, und das sogar überdurchschnittlich. Trotzdem war er wie ich bereit, etwas zu ändern. Gemeinsam haben wir also alle Aufgaben, die bei uns zu Hause anfallen, zusammengetragen und Regeln aufgestellt. Zum Beispiel kümmere ich mich heute um alle Belange unserer Schulkinder, und mein Mann übernimmt die Kita – inklusive Kuchen fürs Sommerfest und Whatsapp-Gruppe. Das signalisieren wir auch nach außen. Mit Erfolg: Die Kita ruft inzwischen bei meinem Mann an, und die anderen Eltern besprechen mit ihm die Playdates und Kindergeburtstage. Außerdem kümmert er sich um die Wäsche und ich mich um unseren Speiseplan. Zusätzlich haben wir ein Meeting am Sonntag eingeführt. Wir schauen gemeinsam in unsere Kalender und besprechen die Termine der nächsten Woche. Wer bringt das Auto in die Werkstatt, wer fährt mit dem Kind zur U-Untersuchung, wer kauft ein? Die Aufgaben werden aufgeteilt, und jeder übernimmt die volle Verantwortung für seine Aufgaben. Gleichzeitig halten wir uns durch das Küchenmeeting auf aktuellem Stand, so können wir uns bei Krankheit oder Dienstreisen natürlich auch perfekt »vertreten«. Ich weiß, was in der Kita passiert, und mein Mann kennt die Kleidergrößen aller Kinder oder weiß, welche Lehrkräfte gerade die Klassen unserer Kinder unterrichten. Auch für ihn war das ein Lernprozess, auch er musste sich aus der Sozialisierung des »im Haushalt zuarbeitenden Mannes« lösen. Inzwischen bin nicht mehr ich diejenige, die an alles denken muss, und ich bin deutlich entspannter, wenn ich einfach weiß, dass mein Mann von sich aus die Wechselsachen zum Kindergeburtstag oder die Matschhosen und Brotdosen in die Kita mitnimmt. Auch unsere Küchenmeetings sind inzwischen deutlich kürzer geworden. Mehr als zehn Minuten brauchen wir selten zur Aufteilung der Aufgaben. Dafür nutzen wir das »Meeting« nun für Paar-Gespräche über die aktuelle Gefühlslage oder die Planung von gemeinsamer Zeit. Früher blieb es oft an mir hängen, bei der Babysitterin anzurufen oder einen Tisch im Restaurant für den kinderfreien Abend zu reservieren. Diese zusätzlichen Punkte auf der ohnehin schon langen To-do-Liste empfand ich deshalb eher als zusätzlichen Stress, entsprechend klein war die Vorfreude auf einen romantischen Abend. Heute verteilen wir auch diese Aufgaben gerecht, und siehe da, zu zweit essen gehen macht wieder mehr Spaß. Ich kann deshalb nur sagen, der Kraftakt und der durchaus beschwerliche Weg zu mehr Gleichberechtigung haben sich absolut gelohnt.

Wir sollten unser Hilfesystem weiter ausbauen

Schon für die erste Zeit mit Kind habe ich für den Aufbau eines Hilfesystems geworben. Ein eigenes Dorf wird gerade nach Ende der Elternzeit und dem Wiedereinstieg in den Beruf noch einmal wichtiger. Denn ganz ohne Unterstützung von außen stoßen wir als Familie schnell an unsere Grenzen – gerade in Ausnahmesituationen, die unseren eng getakteten Alltag ins Wanken bringen: wenn ein Partner auf Geschäftsreise muss, ein Kind oder man selbst plötzlich krank wird oder ein dringliches Projekt nur mit Überstunden beendet werden kann. In solchen Momenten ist es schön, wenn eine liebe Person aus unserem Umfeld einspringen kann und das Kind von der Kita oder der Schule abholt oder abends als Babysitter aushilft. Auch andere Kita-Eltern können Teil des Ersatz-Familien-Netzwerks sein. So lassen sich Fahrgemeinschaften zum Fußball oder Ballett organisieren. Vielleicht finden sich auch feste Spiel-Dates, bei denen ihr abwechselnd die Kinder auch der anderen Familien mitbetreut beziehungsweise länger arbeitet, wenn ihr euren Nachwuchs in guten Händen wisst. Besonders schön ist es, wenn diese Freund*innen auch noch in der direkten Nachbarschaft leben. Dann kann euer Kind einfach mal zum Spielen rübergehen, während wir einen Arzttermin wahrnehmen oder einfach eine Pause machen. Je älter die Kinder werden, desto besser klappt diese Form der Entlastung.

Eine weitere Option ist professionelle Unterstützung. Zum Beispiel eine Putzkraft, die eure Wohnung alle ein oder zwei Wochen sauber macht. Oder ein*e Babysitter*in, die euer Kind einmal pro Woche von der Kita abholt und ab und an aufpasst, wenn ihr einen Abend als Paar genießen wollt. Verlässliche Babysitter*innen findet ihr in der Nachbarschaft, bei der Stadt oder Gemeinde. Ihr solltet darauf achten, dass sie ein

Babysitter*innen-Diplom haben. Das ist ein Kompakt-Kurs für Jugendliche ab 16 Jahren. Sie lernen dort viel über kindliche Entwicklung, gute Beschäftigungen wie Spielen oder Basteln, aber auch Erste Hilfe.[83] Entsprechende Kurse bieten Städte und Familienbildungsstätten an.

Beliebt sind auch Leihomas und -opas. Sie sind keine Babysitter*innen, sondern übernehmen die Aufgaben von Großeltern. Sie kommen in die Familie und backen und spielen mit den Kindern, lesen vor oder helfen bei den Hausaufgaben. Manchmal begleiten sie auch bei Ausflügen.[84] Für die meisten Familien steht also eher der Kontakt mit älteren Menschen und der Austausch zwischen Generationen im Vordergrund. Eine schöne Bereicherung für den Familienalltag ist eine Leihoma deshalb auf jeden Fall – gerade wenn die eigenen Großeltern schon verstorben sind, aus gesundheitlichen Gründen für die Betreuung ausscheiden oder zu weit weg wohnen. Fündig werdet ihr auf Portalen wie Lend-Grand.de oder bei örtlichen Freiwilligenagenturen.

Ein Familienmitglied auf Zeit und damit auch eine große Unterstützung im Alltag sind Au-pairs. Das sind junge Menschen aus dem Ausland, die bis zu einem Jahr in der Familie leben. In dieser Zeit wollen sie ihre Sprachkenntnisse verbessern und unsere Kultur näher kennenlernen. Als Gegenleistung unterstützen Au-pairs ihre Gasteltern bei der Betreuung der minderjährigen Kinder und helfen im Haushalt mit. Ihre Arbeitszeit ist auf dreißig Stunden pro Woche begrenzt. Die monatlichen Kosten für ein Au-pair liegen bei etwa 600 Euro – darunter fallen unter anderem ein Taschengeld von mindestens 260 Euro und 50 Euro für die Beteiligung am Sprachkurs.[85] Mehr Informationen rund um dieses Thema bekommt ihr übrigens bei der Agentur für Arbeit oder bei spezialisierten Au-pair-Agenturen.

Kinderbetreuung ist keine Privatsache

Um es in aller Deutlichkeit zu sagen: ein Au-pair, ein Babysitter oder die Leihoma können immer nur eine kleine, zeitlich begrenzte Entlastung für das Familienleben und damit auch nur ein Baustein in unseren Bemühungen um bessere Vereinbarkeit sein. Eine viel größere Verantwortung trägt die Politik. Sie muss uns Eltern eine hochwertige Kinderbetreuung bieten, nur so kann die Co-Existenz von Beruf und Familie wirklich gelingen. In dieser Hinsicht, und da verrate ich kein Geheimnis, gibt es hierzulande noch einigen Nachholbedarf. Dafür möchte ich einen kurzen Blick auf unsere europäischen Nachbarn werfen. In Frankreich zum Beispiel arbeiten viel mehr Paare gleichberechtigt – die Mehrheit der Frauen ist in Vollzeit erwerbstätig und trotzdem sind die Geburtenraten hoch.[86] Die Gründe dafür sind einfach: Es gibt ein gut ausgebautes Betreuungssystem für die Kleinsten genauso wie für die Schulkinder. Dazu kommen finanzielle Unterstützungen und steuerliche Vorteile für Familien mit mehreren Kindern. Auch der toxische Mutterkult ist in Frankreich weniger ausgeprägt.[87] Ähnlich sieht es in Schweden aus. Einkommen werden dort individuell besteuert, so etwas wie das Ehegattensplitting gibt es nicht.[88] Auch hier ist das öffentliche Betreuungssystem vorbildlich: Es gibt genug Plätze, auch die Qualität stimmt.[89] Außerdem wird Elternzeit für Väter gezielt gefördert.[90] Das zeigt langfristige Wirkung: Viel mehr Paare leben gleichberechtigt, die Wirtschaft gilt als deutlich familienfreundlicher. Aus solchen und anderen Vorreitern könnte auch die deutsche Familienpolitik lernen – denn bessere Vereinbarkeit hebt offensichtlich die Geburtenrate, sorgt für mehr Berufstätigkeit von Frauen und sichert damit die Zukunft des Landes. Seit 2013 hat auch hierzulande jedes Kind ab seinem ersten Geburtstag Anspruch auf einen Krippenplatz. Seither steigt der Anteil der Unter-Dreijährigen, die eine Krippe oder eine Tagesmutter besuchen. Bundesweit wurden 2020 35 Prozent aller Kinder unter drei Jahren nicht zu Hause betreut – in den westdeutschen Bundesländern betrug dieser Anteil durchschnittlich 31 Prozent. In Ostdeutschland (einschließlich Berlin) lag er bei 52,7 Prozent.[91] Das entspricht rund 830.000 Kindern. 2020 gab es bundesweit knapp 57.600 Kindertageseinrichtungen. Das waren knapp 900 oder 1,6 Prozent mehr als im Vorjahr. Die Zahl der dort als pädagogisches oder als Leitungs- und Verwaltungspersonal beschäftigten Personen stieg um 4,5 Prozent auf rund 682.900. Leider reicht das nicht aus: Es fehlen überall Betreuungsplätze für Kleinkinder. Laut dem Institut der deutschen Wirtschaft waren es 2020 knapp 342.000.[92] Ein Armutszeugnis für die Vereinbarkeit von Familie und Beruf und ein fatales Signal an alle jungen Menschen, die über ein (weiteres) Kind nachdenken. Dazu kommt, dass eine endgültige Lösung trotz eines Gute-Kita-Gesetzes nicht wirklich in Sicht ist. Die Folge: Eltern bewerben sich schon in der Schwangerschaft um Kita-Plätze. In Städten wie Berlin gibt es inzwischen professionelle Agenturen, die Geld mit der Suche nach einem Betreuungsplatz verdienen. Eltern sind bereit, auch privat für entsprechende Tipps oder Empfehlungen zu zahlen.[93] Um es ganz deutlich zu sagen, das ist ein Versagen der Politik. Für viele Eltern ist ein fehlender Platz ein großes Drama. Den Familien bricht ein Einkommen weg. Mütter (oder manchmal auch Väter) können nicht an den Arbeitsplatz zurückkehren und müssen auf das Verständnis ihres Arbeitgebers hoffen, um ihre Elternzeit zu verlängern. Auch den Unternehmen entsteht natürlich so ein Schaden, immerhin fehlen wichtige Arbeitskraft und Kompetenzen. Auf eine Klage für einen Betreuungsplatz oder eine entsprechende Entschädigung verzichten trotzdem viele, nicht nur aus Mangel an Kraft und Streitlust, sondern auch aus Angst, einfach »irgendeinen« Platz vermittelt zu bekommen.[94] Wir wollen aber keinen x-beliebigen Kita-Platz. Nach dem Motto: Hauptsache, das Kind ist weg und wir können endlich wieder arbeiten. Nein, unsere Kinder sollen sich in der Kita wohlfühlen, ihre Talente und Fähigkeiten entdecken und sie sollen Dinge erleben, die wir ihnen zu Hause nicht bieten können. Kindertagesstätten sind im besten Fall Bildungsinstitutionen und keine Kinderverwahrungsstellen. Doch leider sind Kitas mit vielen offenen Plätzen und ohne lange Wartelisten nicht zwangsläufig die besten. Eine weitere Schwierigkeit: Vielerorts fehlt es auch an Betreuungsangeboten, die zu den Arbeitszeiten der Eltern passen. Mehr als die Hälfte bräuchte auch außerhalb der Kernzeiten von acht bis 17 Uhr eine Betreuung.[95] Wenn Arbeits- und Betreuungszeiten nicht kompatibel sind, dann ist der Nutzen für die Vereinbarkeit begrenzt. Und es geht nicht mal um eine 24-Stunden-Kita oder Wochenendbetreuung. Es geht um Eltern, die im Krankenhaus oder in der Altenpflege, bei der Polizei oder im Einzelhandel arbeiten. Systemrelevante Berufe also. Auch bei Alleinerziehenden ist der Bedarf an flexiblen Betreuungszeiten groß. Aber auch bei ganz normalen Schreibtisch-Jobs profitieren Eltern von variablen Kita-Öffnungszeiten, wenn ein Projekt drückt oder ein Meeting länger dauert. Natürlich geht es an dieser Stelle nicht darum, die Kinder möglichst lange und schnell in die Betreuung zu geben. Wenn das doch nötig ist, muss die Qualität so gut sein, dass die Kinder nicht zu stark darunter leiden. Leider liegt genau darin das nächste Problem. Es fehlt bundesweit an Erzieher*innen und das hat negative Folgen für die Betreuungsqualität. Oft sind zu wenige Erzieher*innen für zu viele Kinder zuständig.

Kindgerechte Bildungsarbeit ist unter diesen Bedingungen kaum möglich[96] und das in Zeiten, in denen die Anforderungen an die Pädagog*innen steigen – Stichwort: Inklusion oder Integration von Geflüchteten. Es reicht längst nicht aus, wenn die Kinder am Ende des Tages sauber, satt und unbeschadet aus der Kita kommen. Auch hier ist die Politik dringend gefragt. Es müssen so schnell wie möglich mehr Erzieher*innen ausgebildet, mehr Betreuungsplätze geschaffen und die Arbeitsbedingungen für die pädagogischen Fachkräfte deutlich verbessert werden. Das kostet richtig viel Geld, ist aber aus meiner Sicht alternativlos. Gleiches gilt übrigens auch für den Ausbau des Ganztagsbereichs der Schulen. Ab 2025 sollen Eltern einen Rechtsanspruch auf Ganztagsbetreuung für Grundschulkinder bekommen.[97] Bisher galt der nur vom ersten Lebensjahr bis zur Einschulung. Auf den ersten Blick ein längst überfälliger Schritt und eine große Entlastung für alle berufstätigen Eltern. Bislang treten vor allem die Frauen nach der Einschulung beruflich kürzer, um die Kinder durch das Schulleben zu begleiten.[98] Schon heute werden laut einer Studie des Instituts der deutschen Wirtschaft knapp 60 Prozent der Grundschulkinder nachmittags außer Haus betreut. In Hamburg und im Osten der Republik ist die Quote am höchsten, aber auch im Westen wächst das Interesse und der Bedarf an verlässlicher und guter Ganztagsbetreuung.[99] Im Bundesfamilienministerium geht man davon aus, dass mittelfristig 90 Prozent aller Grundschüler*innen dieses Angebot nutzen werden. Bis zu einer Million zusätzlicher Betreuungsplätze wären damit nötig. Dafür braucht es Investitionen in größere Räumlichkeiten, bessere Ausstattung der Schulen sowie mehr qualifiziertes und gut bezahltes Personal. Und es braucht verbindliche Qualitätsstandards für die Nachmittagsbetreuung. Die Schüler*innen verbringen in der Betreuung über Jahre viel Lebenszeit, und deshalb müssen auch dort ihre Stärken und Bildungschancen erkannt werden, damit sie einen sicheren Raum für ihre Entwicklung bekommen. Doch bis es so weit ist, tragen vor allem wir Eltern die Verantwortung. Wir müssen mit Umsicht nach einer guten Bildungsinstitution für unsere Kinder suchen und dort auf engagierte Pädagog*innen und gute Konzepte vertrauen. Alles andere liegt außerhalb unseres Einflussbereichs: Den großen Nachholbedarf in Sachen hochwertiger Kinderbetreuung muss die Politik selbst lösen und zwar mit Milliarden-Investitionen und neuen Konzepten. Doch zurück zur Vereinbarkeit – das betrifft natürlich nicht nur die Familie, sondern eben auch das Berufsleben.

Zweite Säule der Vereinbarkeit: Der Beruf

Unsere Berufstätigkeit ist auf ganz vielen Ebenen wichtig für uns. Der Lohn füllt unseren Kühlschrank und bezahlt unsere Miete oder den Kredit für das Haus. Und nicht zu vergessen: Er sichert unsere Rente im Alter. Doch der Beruf ist noch mehr, für viele von uns ist der Job auch Teil der eigenen Identität. Umso wichtiger ist es, eine Arbeit zu finden, die nicht nur Sinn und Spaß macht, sondern eben auch zu unserem Familienleben passt. Doch wie gelingt genau das? Mit dieser Frage möchte ich mich nun beschäftigen. Zum Einstieg habe ich mit einem Paar gesprochen, das sich die Erwerbsarbeit gleichberechtigt aufteilt.

Wie gelingt eigentlich berufliche Gleichberechtigung?

Meike und ihr Mann lebten nach dem ersten Kind in einer klassischen Rollenverteilung. Nach der Geburt des zweiten Kindes wollte Meike etwas ändern, und gemeinsam wagte das Paar den Schritt zu mehr Gleichberechtigung.

Während der zweiten Elternzeit wuchs mein Frust. Mein Mann arbeitete 40 Stunden, und ich kümmerte mich vor allem um Haushalt und die beiden Kinder. Doch so hatte ich mir mein Leben irgendwie nicht vorgestellt. An dem unguten Gefühl änderte sich auch nach meiner Rückkehr in den Job als Sozialarbeiterin wenig. Auch 20 Stunden reichten kaum aus, um mein Aufgabenfeld in der Elternberatung vernünftig zu gestalten. Also habe ich meinen Frust offen angesprochen. Die Forderung nach mehr Gleichberechtigung traf meinen Mann erstmal kalt. Immerhin war auch er ein engagierter Papa und kümmerte sich viel – zum Beispiel um den Umbau und die Renovierung unseres Hauses. Gleichzeitig konnte und wollte er sich meinem Wunsch nach mehr beruflicher Verwirklichung nicht verschließen. Ganz im Gegenteil: Auch er war schon länger mit seinem Arbeitgeber und den starren, ziemlich familienunfreundlichen Arbeitszeiten unzufrieden. Mein Wunsch, mehr zu arbeiten, war also für ihn eher der letzte Anstoß zum Jobwechsel. Zum Glück fand er schnell einen neuen Arbeitsplatz – flexibler und familienfreundlicher. Heute arbeitet er 35 und ich dreißig Stunden. Und noch wichtiger: Wir beide können unsere Arbeitszeiten flexibel gestalten. Unser aktuelles Modell: Wir tauschen wochenweise die Zuständigkeit. Einer von uns fährt früh ins Büro und holt dafür unsere beiden Söhne aus der Kita und dem Hort. Der andere bringt die Kinder und arbeitet aber am Nachmittag länger. Das klappt sehr gut. Natürlich war der Weg dorthin nicht immer einfach. Ich musste mich zum Beispiel von meinen Ansprüchen verabschieden und akzeptieren, dass mein Mann auch tolle Brotdosen packt, vielleicht mit etwas weniger Gemüse und etwas weniger Verzierungen, aber nicht weniger beliebt bei den Kindern. Und für ihn war die viele Organisationsarbeit ein Lernprozess – Dinge selbst auf den Einkaufszettel setzen oder Kita-Termine stärker mitdenken zum Beispiel. Inzwischen haben wir aber eine gute Routine. Anstehende Termine und zu erledigende Aufgaben besprechen wir beim Abendessen oder wenn die Kinder im Bett sind. Dadurch entstehen viel mehr Akzeptanz und Sichtbarkeit für die Arbeit des anderen. Außerdem behalten wir so alle Baustellen des Alltags gemeinsam im Blick. Ich würde sogar sagen, dass wir heute zufriedener und glücklicher sind als in der klassischen Rollenverteilung. Mein Mann verbringt mehr Zeit mit den Kindern und geht im Familienleben stärker auf. Und ich kann mich beruflich mehr verwirklichen und habe das Gefühl, Familie und Beruf besser vereinbaren zu können. Auch der Mental Load ist kleiner geworden. Ich kümmere mich im Moment stärker um die Organisation der bevorstehenden Einschulung, und mein Mann ist mit dem Ausbau des Hauses beschäftigt. So hat jeder seine Baustelle, für die er selbstständig verantwortlich ist. Natürlich können wir gegenseitig Hilfe einfordern. Ein weiterer wichtiger Faktor ist für mich das Loslassen und Abstriche Machen. Inzwischen habe ich mich davon verabschiedet, dass unser Haus immer superordentlich sein muss. Hauptsache, wir haben genug Geschirr fürs Essen, genug Sachen für den heutigen Tag und es ist nicht zu dreckig. Alles andere wird erledigt, wenn wir Zeit und Kraft dafür finden.

Wir müssen über Geld reden

Auch finanziell zahlt sich eine gleichberechtigte Aufteilung aus – nicht unbedingt sofort, mindestens aber langfristig. Deshalb wollen wir nun einmal über Geld sprechen. Das machen wir übrigens als Eltern viel zu wenig. Könnt ihr etwas mit dem Begriff des Financial Load anfangen? Ich kannte ihn auch bis zum Schreiben dieses Buches nicht. Dahinter verbirgt sich die Last des Familienernährers. Auch diese Rolle sorgt für hohen Druck und sollte deshalb am besten möglichst auf die Partner verteilt werden. Gut, zugegeben, es hat sich schon etwas getan: Die Erwerbstätigkeit der Mütter hat in den letzten Jahrzehnten stetig zugenommen. Inzwischen ist der Mann als Alleinverdiener damit ein Auslaufmodell, an seine Stelle tritt das nicht minder gefährliche Zuverdienermodell.[100] Selbst topausgebildete Frauen gehen noch immer häufiger in Teilzeit.[101] Sie verzichten damit nicht nur auf Karriere-Chancen und Gehalt, sondern langfristig auch auf eine ausreichende finanzielle Absicherung. Mal ein düsteres Szenario: Bei längerer Krankheit, einem schweren Unfall oder sogar einem Todesfall kommen das Ernährer- oder Zuverdienstmodell – mal ganz abgesehen von all der anderen Tragik – einer finanziellen Katastrophe für die Hinterbliebenen gleich. Wenn aber beide Partner gleichberechtigt arbeiten und ähnliche Teile zum Familieneinkommen beisteuern, kann wenigstens dieser Verlust etwas kompensiert werden. Übrigens ist der Tod oder die Arbeitsunfähigkeit nur eine Variante, auch bei einer Scheidung stehen Frauen oft vor einem finanziellen Ruin. Und wer denkt, das betrifft mich nicht: Jede dritte Ehe wird in Deutschland geschieden, im Schnitt sind die Partner zu diesem Zeitpunkt 14 Jahre lang verheiratet. Bei der Hälfte aller Scheidungen sind außerdem minderjährige Kinder im Spiel.[102] Bleibt die Frau alleinerziehend zurück, ist sie »überdurchschnittlich armutsgefährdet«.[103] Doch auch wenn Vati noch mit sechzig Jahren die große, vielleicht noch jüngere Liebe findet und sich von seiner Frau trennt, sind die Folgen dramatisch, jedenfalls, wenn die Frau nur in Teilzeit gearbeitet hat und lange bei den Kindern geblieben ist. Durch die klassische Rollenverteilung und die oft ungerechte Entlohnung – Stichwort Gender Pay Gap – erhalten Frauen nämlich deutlich weniger Rente als Männer, im Schnitt unfassbare 46 Prozent.[104] Eine Studie der Bertelsmann Stiftung ergab 2017, dass westdeutsche Männer im Schnitt 1,5 Millionen Euro bis zu ihrem sechzigsten Lebensjahr verdienen[105], westdeutsche Frauen dagegen nur 830.000 Euro. Eine weitere Erkenntnis der Untersuchung: Alleinstehende Frauen zählen zu den Hauptrisikogruppen für Altersarmut, vor allem wenn sie Kinder bekommen haben. **Die traurige Wahrheit:** Mutterschaft ist immer noch mit enormen Einkommenseinbußen verbunden. Während kinderlose Frauen den Gender Pay Gap zu den Männern verkleinern, wird die Lücke zwischen Müttern und kinderlosen Frauen zunehmend größer. Das Lebenserwerbseinkommen geht bei Frauen um rund vierzig Prozent zurück, wenn sie sich für Kinder entscheiden. Bei drei oder mehr Kindern sind es sogar fast siebzig Prozent.[106] Dass sich eine Entscheidung für ein Kind finanziell nicht lohnt, ist also ein weibliches Problem. Männer mit Kindern und Trauschein verdienen im Schnitt sogar mehr als ihre kinderlosen Kollegen – und zwar bis zu zwanzig Prozent. Das liegt vor allem an steuerlichen Vergünstigungen.[107] Die Lösung: Um der Altersarmut entgegenzuwirken, sollten Frauen möglichst früh ihre finanzielle Absicherung selbst in die Hand nehmen. Dazu gehört eben auch, die berufliche Auszeit für die Familie kurz zu halten und möglichst viel zu arbeiten. Ein positiver Nebeneffekt: Wenn die Frauen sich stärker um ihre Altersvorsorge kümmern, profitieren davon auch wir Väter. Die Last des Hauptverdieners wird uns genommen. Reduzieren beide Eltern außerdem ihre Arbeitszeit zu gleichen Teilen – zum Beispiel auf jeweils dreißig Wochenarbeitsstunden –, bleibt mehr Zeit für die Familie und Partnerschaft, immerhin ein Wunsch eines beträchtlichen Anteils von Müttern und Vätern. Auch finanziell lohnt sich diese Aufteilung. Laut Zahlen des Bundesfamilienministeriums verfügt eine Familie mit dem Mann als Alleinverdiener über ein monatliches Nettoeinkommen von 3.393 Euro. Teilen sich die beiden Eltern die Erwerbstätigkeit partnerschaftlich auf und arbeiten je zwischen 28 und 36 Wochenstunden, erzielen sie ein durchschnittliches Nettoeinkommen von 4.154 Euro.[108] Natürlich kostet diese Aufteilung des Financial Loads ähnlich viel Anstrengung wie die schon beschriebene Neuorganisation des Mental Loads. Wenn beide Partner gleichberechtigt arbeiten und verdienen, müssen sie dementsprechend auch mehr aushandeln. Wer holt an welchem Tag die Kinder ab? Wer bleibt bei Krankheit mit den Kindern zu Hause? Wer macht bei wichtigen Projekten auch mal Überstunden? Solche Aushandlungsprozesse sind anstrengend und kommunikationsintensiver als eine klare Regelung wie: Der Mann geht arbeiten, und die Frau arbeitet ohnehin »nur« in Teilzeit und kümmert sich um die meiste Care-Arbeit. Wenn ihr vor dem Diskussions- und Organisationsaufwand einer gleichberechtigteren Lösung zurückschreckt oder euch das schlicht finanziell nicht leisten könnt, kann ich den vermeintlich einfachen Weg durchaus verstehen. Allerdings solltet ihr euch auch der Risiken bewusst sein. Allen anderen würde ich gerne zu mehr Mut raten. Wenn Mütter und Väter gemeinsam ihren Wunsch nach neuen Arbeitsmodellen und besserer Vereinbarkeit äußern, können sich auch die letzten Unternehmen diesem Wandel nicht verschließen. Vielleicht machen solche Role Models auch wiederum anderen jungen Eltern Mut, ihr finanzielles Modell zu überdenken. Natürlich können wir nicht allein die »Lebenserwerbseinkommenslücke« zwischen Männern und Frauen schließen. Es braucht auch mehr Engagement von Politik und Wirtschaft – durch mehr Flexibilität bei der Gestaltung von Arbeit, durch eine Reform des Steuersystems, eine bessere Bezahlung in von Frauen dominierten Berufsfeldern oder eben auch bessere Betreuungsangebote. Warum die größten Chancen für einen Wandel in der Wirtschaft bestehen, möchte ich nun erklären.

Warum die Corona-Pandemie neue Chancen für Vereinbarkeit bietet

Die Corona-Pandemie als Chance? Daran zu glauben, fällt sicher vielen Leser*innen schwer. Immerhin gibt es über das Jahr 2020 wenig Gutes zu sagen. Die Schließung von Kitas und Schulen brachte uns Eltern an die Belastungsgrenze, zeigte eindrucksvoll, dass Homeoffice mit Kindern nicht funktioniert und dass wir bei der Gleichberechtigung noch großen Nachholbedarf haben. Dazu kommt die Krankheit selbst. Einige von euch waren selbst krank, leiden vielleicht bis heute an Spätfolgen oder haben sogar Angehörige verloren. Trotz all dieser negativen Folgen der Pandemie gibt es doch auch Chancen auf eine bessere Zukunft, gerade was Familienfreundlichkeit in der Arbeitswelt angeht. Wie komme ich darauf? Ich habe vor der Pandemie öfter über die Arbeitswelt der Zukunft geschrieben. Meine Interviewpartner*innen waren sich einig: Wir stehen hier vor einem gewaltigen Wandel. Das Schlagwort dazu ist New Work. Aus dem Leben für die Arbeit wird dabei Leben und Arbeiten. Wir sind als Vertreter der Generationen Y und Z – das sind alle nach 1985 Geborenen – durchaus noch leistungsorientiert und wollen auch Karriere machen, nur eben nicht auf Kosten von Familie, Freund*innen oder Hobbys. Und noch wichtiger: Unsere Arbeit muss Sinn machen, mit dem Leben vereinbar sein, im besten Fall die Welt sogar verbessern und auf jeden Fall genug Platz zur persönlichen Entfaltung lassen. Laut einer Umfrage der Boston Consulting Group wünschen sich deutsche Fachkräfte vor allem Wertschätzung, Mitbestimmung und ein gutes Klima im Team.[109] Das Gehalt kommt erst auf Platz sechs, auch Dienstwagen und Eckbüros verlieren ihren Wert als Statussymbol. Ein wichtiges Thema ist auch die Vereinbarkeit von Familie und Beruf. Heute schrecken Bewerber*innen eher vor mangelnder Flexibilität oder zu starren Hierarchien zurück.[110] Doch dieser Sinneswandel war nur ein Teil des New-Work-Konzeptes. Auch die Nine-to-Five-Präsenzkultur gilt schon länger als Auslaufmodell. Stattdessen wollen wir nicht mehr jeden Tag im Büro sitzen, sondern unseren Arbeitsplatz selbst wählen und die Aufgaben flexibler einteilen. Das spart Pendelwege und erhöht die Zeit mit der Familie. Und mal ehrlich: Chef*innen kann es schließlich egal sein, wo die Arbeit erbracht wird. Hauptsache, das Ergebnis stimmt und die Kolleg*innen werden nicht in ihrer Freiheit und Arbeitsgestaltung behindert. Vor der Corona-Pandemie boten solche Formen des New Work vor allem junge, hippe Startups und innovative DAX-Konzerne wie der Softwareriese SAP, der Versandhändler Otto oder der Sportartikelhersteller Adidas. Abseits dieser Leuchttürme gab es in der breiten Masse der mittelständischen Unternehmen große Bedenken, ja sogar Widerstand gegenüber solchen New-Work-Konzepten. Woher sollten Chef*innen wissen, dass die Belegschaft zu Hause nicht faulenzt oder den Haushalt erledigt, statt brav acht Stunden am Rechner zu sitzen? Die Produktivität am Küchentisch wurde lange in Frage gestellt. Auch die technische Infrastruktur war oft ein Problem. Dann kam die Corona-Pandemie und sorgte für eine Veränderungsgeschwindigkeit hinsichtlich Neuer Arbeitsformen und Digitalisierung, die selbst für kühnste New-Work-Expert*innen undenkbar gewesen war. In einer großen Zahl von Betrieben arbeitete die Belegschaft zeitweilig von zu Hause, von einem Tag auf den anderen mussten Unternehmen und Mitarbeitende lernen, wie Zusammenarbeit und Produktivität funktionieren, wenn man nicht dauerhaft an einem Ort zusammensitzt. Die gute Nachricht: Es funktioniert in vielen Branchen erstaunlich gut. Und die noch bessere Nachricht: Ein Zurück in alte Muster wird es wohl kaum geben. Laut einer SPIEGEL-Umfrage können sich drei Viertel aller Beschäftigten vorstellen, auch nach dem Ende der Pandemie häufiger zu Hause zu arbeiten.[111] Laut einer Erhebung des Münchner Ifo-Instituts bei 800 Personalverantwortlichen wollen 73 Prozent der befragten Unternehmen auch zukünftig stärker auf Homeoffice setzen, 64 Prozent häufiger Besprechungen online durchführen und 61 Prozent sogar Dienstreisen einschränken.[112] Außerdem arbeiten viele große und mittlere Firmen an neuen Arbeitskonzepten. Zukünftig werden viele von uns häufiger im Homeoffice oder Co-Working-Space arbeiten können, und die Büros werden damit stärker zur Begegnungsstätte. Auch in die IT-Infrastruktur wurde kräftig investiert. Mobile Arbeit steht kurz davor, wenigstens in einigen Branchen die neue Normalität zu werden. Davon profitieren beide Seiten. Die Unternehmen sparen Geld. Büroflächen sind neben Personal der zweithöchste Kostenfaktor.[113] Auch die Produktivität nimmt durch mobiles Arbeiten nicht unbedingt ab.[114] Und wir Arbeitnehmer*innen sind produktiver und glücklicher. Laut DAK-Studie fühlen sich viele Menschen im Homeoffice weniger gestresst.[115] Der tägliche Weg zur Arbeit fällt weg – schon bei zwei oder drei Tagen Homeoffice pro Woche ist der Zeitgewinn für die Familie und uns selbst immens. Natürlich lässt sich nicht die gesamte Wirtschaft aus dem Homeoffice lenken, natürlich will niemand gänzlich auf das Büro verzichten. Schließlich steckt im Austausch mit den Kolleg*innen, dem Schwätzchen am Kaffeeautomaten viel kreatives Potenzial. Der große Gewinn der Pandemie ist vielleicht eine größere Gestaltungsfreiheit für den eigenen Arbeitsplatz: drei Tage Homeoffice für das konzentrierte Arbeiten ohne Unterbrechung, zwei Tage Büro für den Austausch mit Kolleg*innen und Meetings. Für uns Eltern steckt darin eine große Chance. Immerhin war die Präsenzpflicht im Büro lange ein Hemmnis für die Vereinbarkeit von Familie und Arbeit. Dazu kommt, dass die Schließung von Kitas und Schulen nicht nur bei Eltern Spuren hinterlassen hat, sondern eben auch bei den Unternehmen. Die »überraschende« Erkenntnis für viele Führungskräfte: Wenn die Kinderbetreuung wegbricht, stellt das die arbeitenden Eltern vor große Probleme. Inzwischen sehen nun 82 Prozent der Unternehmen in einer vom Bundesfamilienministerium beauftragten Umfrage Kinderbetreuung und Familienfreundlichkeit als zentralen Faktor für die Produktivität.[116] Oder anders ausgedrückt: Die Wirtschaft spürt inzwischen, dass sich Familienfreundlichkeit auszahlt. Hinter dieser naheliegenden Erkenntnis steckt nicht weniger als ein radikaler Sinneswandel.

Immerhin sahen früher viele Arbeitgeber die Kinderbetreuung vor allem als Privatangelegenheit der Eltern. Nun werden Betreuungsangebote als Standortvorteil und Möglichkeit, nachhaltig Fachkräfte für sich zu gewinnen, gesehen. Diese Einsicht scheint sich langsam ebenso im Mittelstand durchzusetzen und nicht nur in großen Unternehmen.

Auch in der Rollenverteilung könnte sich durch die Pandemie in manchen Familien etwas tun. So fand die Beteiligung der Väter an der Erziehungsarbeit eine größere Zustimmung in den Unternehmen.[117] Viele Väter haben in der Pandemie ihre Arbeitszeiten oder ihren Arbeitsort verändert, um näher bei der Familie zu sein.[118] Die Unternehmen befürworten dieses stärkere Engagement. Aus gutem Grund: Teilen sich beide Elternteile gleichberechtigt die Care-Arbeit, können sich auch beide beruflich einbringen. Vereinbarkeit wird erleichtert. Und unter dem Strich gewinnt die Wirtschaft Fachkräfte. Unternehmen tun also gut daran, die Erwerbstätigkeit der Mütter genauso stark zu fördern wie die Familienzeit der Väter. Allerdings müssen dafür attraktive Modelle geschaffen werden – zum Beispiel Teilzeit-Stellen mit spannenden Aufgaben, Führungsverantwortung und angemessener Bezahlung. Auch Elternzeit für Väter sollte aktiv von den Arbeitgebern gefördert werden. Meine ganz subjektive Beobachtung aus der Kita und von den Spielplätzen: Die Zahl der Väter, die morgens ihre Kinder hinbringen oder in der Woche den Nachmittag gemeinsam verbringen, ist leicht gestiegen. Vielleicht auch, weil mehr Männer erlebt haben, wie es ist, über einen längeren Zeitraum sehr eng bei der Familie zu sein und sich viel stärker einzubringen als vorher – egal ob beim Spielen oder beim Homeschooling. Vielleicht sind diese Erfahrungen so nachhaltig, dass viele Väter nicht bereit sind, diese wertvolle Familienzeit wieder aufzugeben und die Mütter auch keine Lust mehr haben, länger zurückzustecken. Das könnte dazu führen, dass sie beruflich etwas kürzertreten oder flexiblere Arbeitszeiten haben wollen, um die gewonnene Zeit nun in die Familie zu investieren. Doch das ist natürlich purer Optimismus. Aus der Pandemie-Zeit bleiben auch offene Fragen: Was passiert zum Beispiel mit den Arbeitnehmer*innen, die eben nicht im Homeoffice arbeiten können – Erzieher*innen, Pflegekräfte, Handwerker*innen oder Supermarkt-Mitarbeitende? Viele davon sind mehr als systemrelevant. Hier braucht es Konzepte, wie auch sie von einer veränderten Arbeitswelt profitieren: zum Beispiel durch mehr Mitbestimmung bei der Arbeitsgestaltung, durch eine Verbesserung der Arbeitsbedingungen und Bezahlung sowie durch mehr gesellschaftliche Anerkennung. Wie das gelingen könnte, muss die Politik beantworten und würde an dieser Stelle zu weit führen. Ich möchte vielmehr eine ganz andere Frage stellen: Wie können wir als Eltern den Wandel aktiv gestalten und für uns persönlich ein Arbeitsmodell finden, das zu unserem (Familien-)Leben und den persönlichen Zielen passt? In diesem Zusammenhang fällt mir das Beispiel eines Vaters aus einer Krabbelgruppe ein. Der Facharbeiter war bei einem Maschinenbauer im klassischen Schichtbetrieb beschäftigt. Als seine erste Tochter geboren wurde, wollte er ein aktiver Vater sein. Deshalb übernahm er häufiger die Frühschicht und wechselte zusätzlich in den Wareneingang, eine Abteilung ohne Wochenendarbeit. Nun konnte er die meisten Nachmittage und Wochenenden mit der Familie verbringen – und das in einem Betrieb, der keine Familienfreundlichkeits-Auszeichnungen gewinnen würde oder viel Wert auf New Work legt. Entsprechende Anpassungen sind auch in vielen anderen Berufen möglich. Allerdings sind dafür auch unsere Eigeninitiative und Kreativität gefragt.

Die bestärkende Botschaft: Durch den Wandel in der Wirtschaft und den großen Fachkräftemangel in vielen Branchen standen eure Chancen selten besser.

Wie wir unser eigenes Arbeitsmodell finden

Ich bin ein großer Fan davon, Dinge selbst in die Hand zu nehmen. Oft unterschätzen wir nämlich unsere eigenen Gestaltungsmöglichkeiten. Und mal ehrlich: Nur die Unvereinbarkeit von Beruf und Familie zu beklagen, bringt uns ohnehin nicht weiter. Wenn wir als Väter lange in Elternzeit gehen oder als Mütter eine Führungsposition in Teilzeit oder im Tandem mit anderen übernehmen wollen, müssen wir diesen Wunsch offensiv formulieren und das Gespräch mit unseren Vorgesetzten suchen. Das gilt leider ganz besonders für das Thema Vereinbarkeit und Familienfreundlichkeit – wir hatten ja schon über die Versäumnisse von Politik und Unternehmen gesprochen. Solange es aus dieser Richtung keine breite Palette von Vereinbarkeitsmöglichkeiten gibt, sind wir selbst gefragt und müssen uns Arbeitszeitmodelle finden, die zu unserem Familienalltag passen. Die Chancen dafür stehen ziemlich gut – jedenfalls, wenn man bereit ist, gegen Widerstände anzukämpfen und zur Not den Job zu wechseln. Denn es gibt immer noch genug Firmen, die den Faktor Familienfreundlichkeit im Kampf um Fachkräfte noch nicht erkannt haben. In solchen Betrieben kann ich als Mutter oder Vater zwar mehr Vereinbarkeit einfordern, muss dann aber damit rechnen, mir bei zu lautem Protest einen neuen Arbeitsplatz suchen zu müssen. Aber ist das so schlimm? Im Zweifelsfall müsst ihr euch fragen, ob ihr wirklich für einen Job brennen könnt, der nicht zu eurem Leben passt. Natürlich solltet ihr bei eurem Arbeitgeber nicht nur fordernd auftreten, sondern auch einen gut durchdachten und lösungsorientierten Vorschlag machen. Luisa Hanke vom VereinbarkeitsLAB spricht in diesem Zusammenhang passenderweise von einem Pitch für das von euch favorisierte Arbeitsmodell. Für alle Nicht-Werber und Nicht-Agenturmenschen: Damit ist eine Präsentation gemeint, mit der man sich um einen großen Auftrag bewirbt. Vielleicht gefällt euch dieses Bild genauso wie mir, und ihr macht tatsächlich eine kleine Präsentation für eure Idee – ob ihr sie wirklich eurer Führungskraft vorstellt oder nur im Kopf gestaltet, ist egal. Hilfreich ist der Gedanke allemal.

Schritt eins ist die große Frage: Was will ich eigentlich? Konkret müsst ihr bei euch selbst nachforschen, wie ihr in Zukunft arbeiten wollt – also wie viele Stunden ihr in den Beruf investieren wollt, wie viel Geld ihr verdienen müsst oder wollt, welche Aufgaben ihr am Arbeitsplatz übernehmen möchtet und wie ihr euch eure Entwicklung in den nächsten ein bis zwei Jahren vorstellt. Strebt ihr vielleicht einen Expert*innen-Status samt Weiterbildung im Unternehmen an, eine Führungsposition oder seid ihr mit eurem Platz im Gefüge vielleicht einfach zufrieden?

Schritt zwei ist die Frage nach den eigenen Kompetenzen. Welche Stärken und Fähigkeiten kann ich meinem Arbeitgeber bieten? Sich über die eigenen Potenziale bewusst zu werden, stärkt das Selbstbewusstsein und damit auch die Verhandlungsposition im Gespräch mit dem Arbeitgeber.

Einen passenden Fragenkatalog zu euren beruflichen Vorstellungen und zwei sehr schöne Coaching Tools zu den eigenen Werten und Stärken habe ich bereits im Kapitel über den Wiedereinstieg in den Beruf für euch zusammengestellt. Deshalb möchte ich an dieser Stelle eher auf konkrete Möglichkeiten aus der Arbeitswelt eingehen, um euch Perspektiven für ein langfristiges Modell aufzuzeigen.

Schritt drei ist die Suche nach vorhandenen Gestaltungsideen. Luisa Hanke nannte diesen Schritt im Gespräch passenderweise »Lerne deinen Job kennen«. Ihr solltet euch dafür genau mit eurem Beruf und eurem Unternehmen auseinandersetzen und euch fragen, welche Optionen es schon jetzt gibt. Wie der Vater aus dem Einstiegsbeispiel könntet ihr zum Beispiel nach familienfreundlicheren Abteilungen Ausschau halten oder Kolleg*innen finden, die schon heute ein für euch attraktives Arbeitsmodell praktizieren. Vielleicht gibt es ja in deiner Firma schon Führungskräfte-Tandems oder eine Abteilungsleiterin mit Dreißig-Stunden-Woche. Bei der Suche nach passenden Arbeitsmodellen könnt ihr natürlich auch auf Kontakte aus anderen Unternehmen oder befreundete Eltern und Spielplatzbekanntschaften zurückgreifen. Eine tolle Möglichkeit zur Recherche bieten auch Business-Netzwerke wie Xing oder LinkedIn. Dieser Blick über den Tellerrand kann hilfreich sein, wenn es darum geht, sich überhaupt klarzumachen, welche Modelle schon gelebt werden, und sich daran zu orientieren.

In **Schritt vier** macht ihr euch Gedanken über ein passendes Arbeitsmodell, und zwar so konkret wie möglich. Zum Beispiel: Wie wollt ihr eure Wochenarbeitszeit verteilen? Gibt es die Möglichkeit, außerhalb von Kernarbeitszeiten Aufgaben zu erledigen? Braucht ihr vielleicht Homeoffice-Tage? Welche Aufgaben wollt ihr in eurer Arbeitszeit übernehmen und welche vielleicht an Kolleg*innen abgeben? Wollt ihr euch eine Führungsaufgabe mit jemandem teilen? Luisa Hanke rät dazu, nicht nur die Flexibilität des Arbeitgebers einzufordern, sondern auch im eigenen größeren Familienkreis nach Unterstützungsmöglichkeiten für die Pläne zu suchen. Dieses Netzwerk könnt ihr gegenüber eurem Arbeitgeber offensiv kommunizieren. Damit signalisiert ihr eine »Geben-und-Nehmen-Mentalität«. Wenn also ein wichtiges Projekt fertig werden muss, kann der oder die Vorgesetzte durchaus auf euer Engagement zählen. Zu Hause springen dann der andere Elternteil, ein*e Babysitter*in oder die Großeltern ein. Diese Flexibilität könnt ihr im Gegenzug auch vom Arbeitgeber einfordern, wenn das Kind krank ist oder eine wichtige Schulaufführung ansteht. Umso wichtiger ist es, dass ihr als Eltern miteinander genau besprecht, wie ihr eure Arbeitszeit aufteilen wollt. Vielleicht kannst du als Mann deine Stunden an ein oder zwei Nachmittagen verkürzen, und deine Frau bleibt an diesen Tagen länger im Büro.

Schritt fünf ist das Gespräch mit der Personalabteilung und der Führungskraft. Ganz wichtig: Stellt nicht nur Ansprüche und erklärt, wie ihr gerne arbeiten wollt, sondern zeigt eurem Arbeitgeber auch, warum es Sinn macht, dass es vielversprechend oder wenigstens kein Risiko ist, diesen Weg mit euch zu gehen. Außerdem solltet ihr euch im Vorfeld dieser Unterhaltung auch Gedanken zu möglichen Kompromissen oder Übergangslösungen machen. Zum Beispiel könntet ihr mit einem Homeoffice-Tag pro Woche als Testlauf beginnen – oder eine Kernarbeitszeit mit fester Erreichbarkeit und eine flexible Arbeitszeit für Aufgaben ohne direkten Austausch mit Kolleg*innen vereinbaren. Bietet für eure Ideen eine Testphase von drei bis vier Monaten an und vereinbart am Ende Termine für ein Feedback-Gespräch. Damit signalisiert ihr eurem Arbeitgeber, dass ihr beide Seiten im Blick habt. Außerdem braucht jeder New-Work-Testballon nicht nur Zeit, sich zu entwickeln, sondern auch regelmäßige Reflexion. Luisa Hanke rät, mutig zu sein: Viele Führungskräfte sind ihrer Erfahrung nach sogar froh über gut durchdachte Impulse aus ihrem Team und gerne bereit, neue Dinge auszuprobieren. Schließlich gehören starre Bürozeiten und »One Size Fits All«-Lösungen in der Arbeitszeitgestaltung langsam, aber sicher zur Vergangenheit. Und vielleicht seid genau ihr die Impulsgeber*innen, die neue Arbeitsmodelle wie Jobsharing oder ortsunabhängiges Arbeiten in eurer Firma ausprobieren und sogar etablieren. Im besten Fall geht ihr mit einem für beide Seiten guten Kompromiss aus dem Gespräch, im schlimmsten Fall solltet ihr aber auch keine Angst vor Konflikten haben. Erfüllende Arbeit bedeutet immerhin Lebenszufriedenheit, und dafür dürfen wir bereit sein, in die Auseinandersetzung zu gehen und uns nicht von einem Nein entmutigen zu lassen, sondern tatsächlich für unsere Ideen zu kämpfen. Im schlimmsten Fall wechselt ihr den Arbeitgeber. Diese Option ist für viele Menschen immer noch mit großer Angst besetzt – dabei wird die eigene Verhandlungsposition in Fachkräftemangel-Zeiten aber sträflich unterschätzt.

Drei Arbeitsmodelle für eine bessere Vereinbarkeit

Welche Konzepte der Arbeitsorganisation würden Eltern helfen, sich beruflich weiterzuentwickeln und gleichzeitig genug Zeit für ihre Familie zu haben? Die Antwort darauf ist gar nicht so kompliziert: neue Modelle mit möglichst großer Flexibilität in den Arbeitszeiten, viel Mitbestimmung bei der Gestaltung und insgesamt weniger Wochenstunden. In diesem Abschnitt möchte ich auf drei Beispiele eingehen, die ich für Eltern als besonders attraktiv einschätze – vielleicht ist ja der eine oder andere Impuls für euer Berufsleben dabei.

Ortsunabhängiges Arbeiten

Die größte Veränderung der Arbeitswelt durch die Corona-Pandemie ist vermutlich der Boom des **Homeoffice**. Für viele von uns ist die Arbeit am heimischen Schreibtisch inzwischen zur Routine geworden. Wenn dieses Buch erscheint, sind meine Frau und ich seit über einem Jahr durchgehend im Homeoffice und bilden damit keine Ausnahme. Immerhin arbeitet inzwischen laut Bitkom-Verband jede*r zweite Beschäftigte in Deutschland wenigstens teilweise im Homeoffice. In Zeiten von Corona hat ihre Zahl stark zugenommen. 18 Prozent haben vorher gar kein Homeoffice gemacht. Nur noch 41 Prozent gaben an, dass ihre Tätigkeit auch weiterhin kein Homeoffice zulasse.[119] Diese Tendenz ist klar fallend. Das Erfreuliche: Arbeitnehmer*innen und Arbeitgeber stellen fest, dass mobiles Arbeiten funktioniert – vielleicht nicht als Dauerlösung für alle, aber als wichtiger Bestandteil der zukünftigen Arbeitswelt. Mit anderen Worten: Wer zu Hause arbeiten darf, der genießt das Homeoffice. Bei einer Umfrage des Fraunhofer-Instituts für Arbeitswirtschaft und Organisation sagten 65 Prozent der 500 Befragten, dass sie besser zu Hause arbeiten als im Büro.[120] Vor allem kreative oder planerische Aufgaben lassen sich im Homeoffice besser erledigen. Bei Führungsaufgaben, Teamarbeit und Besprechungen empfinden viele das Büro als angenehmer. Doch auch bei kreativen und kollaborativen Prozessen zeigt sich inzwischen, dass sie deutlich besser virtuell stattfinden können als bisher angenommen.

Insgesamt sind sich die Expert*innen einig, dass die Bedeutung des festen Arbeitsplatzes eher abnimmt. Remote Work ist nicht mehr der Lifestyle von digitalen Nomad*innen, die irgendwo am Strand von Thailand Webseiten oder Kommunikationskonzepte entwickeln. Die Neue Arbeit kommt in der Mitte der Wirtschaft an. Jede zweite Firma kann sich laut einer Befragung des Leibniz-Zentrums für Wirtschaftsforschung vorstellen, auch nach dem Ende der Pandemie auf ortsunabhängiges Arbeiten zu setzen.[121] Davon profitieren am Ende auch wir als berufstätige Eltern. Durch die Möglichkeit, auch mal am heimischen Schreibtisch zu arbeiten, lassen sich Beruf und Familie leichter vereinbaren – zum Beispiel, weil Pendelzeiten wegfallen oder zur Not eine wichtige Präsentation auch am Abend vollendet werden kann, wenn die Kinder bereits schlafen. Das ist sicher keine Dauerlösung, wir brauchen auch weiterhin ein gutes Recht auf Feierabend. Aber die Flexibilität nimmt uns Sorgen und Druck im Alltag. Natürlich stellt uns das sogenannte Work-Life-Blending – also die zunehmende Verschmelzung von Arbeits- und Privatleben – auch vor neue Herausforderungen. Wir müssen mehr Disziplin aufbringen, um klare Grenzen zu ziehen, abzuschalten oder mit ganzer Aufmerksamkeit bei den Kindern zu sein. Das gehört ebenfalls zur Vereinbarkeit von Familie und Beruf und braucht Rituale und Regeln. Aber auch das scheint mit zunehmender Homeoffice-Routine besser zu klappen. Laut einer Umfrage der DAK-Krankenversicherung sank die Zahl der Menschen, die Digitalisierung als Belastung für ihr Leben sehen, deutlich.[122] Jeder Zweite sieht in den neuen Arbeitsmöglichkeiten sogar eine deutliche Entlastung.

Die Dreißig-Stunden-Woche: Vollzeit ist ein Auslaufmodell

Mein eigener Vater hat als freiberuflicher Kranbaustatiker leidenschaftlich, gerne und vor allem viel gearbeitet. Sechzig- bis Siebzig-Stunden-Wochen waren für ihn keine Seltenheit. Das ging vor allem zu Lasten der Familie und seiner Gesundheit. Auch wenn mir kinderlos lange Arbeitstage nicht viel ausmachten, war mir die völlige Selbstaufgabe für den Beruf fremd und das Dasein als Workaholic eher abschreckendes Beispiel als erstrebenswert. Zum wirklich radikalen Umdenken brachte mich persönlich der Tod meines Vaters kurz vor der Geburt meines Sohnes. Zu lange hatte er die Herzprobleme ignoriert, zu lange hatte er den Ruhestand vor sich hergeschoben. Und für welchen Lohn? Seinen Enkel hat er nie kennengelernt. Durch dieses sehr persönliche Erlebnis veränderte sich meine Haltung zur Arbeit radikal. Ich wollte keinen Job mehr machen, der mir keine Freude bereitet, mich nicht mehr stundenlang im Büro aufreiben. Inzwischen arbeite ich selbst als freier Journalist und zwar dreißig Stunden pro Woche. Das lässt mir genug Zeit für die Familie und meine berufliche Verwirklichung. Mit dieser Haltung bin ich nicht allein. Teilzeit-Modelle werden in meiner und der folgenden Generation – Y und Z – immer attraktiver.[123] Wir können in dreißig bis 35 Stunden einiges leisten und uns beruflich weiterentwickeln, trotzdem bleibt genug Freiheit und Freizeit für andere Dinge im Leben – für Sport, Hobbys, Engagement oder die Familie. Und genau das tut uns gut: Untersuchungen zeigen, dass eine Dreißig-Stunden-Woche nicht nur mehr Freizeit zulässt, sondern auch die Motivation und Zufriedenheit steigert. Die Produktivität leidet unter weniger Zeit am Arbeitsplatz nicht.[124] Ganz im Gegenteil: Dass wir in fünfzig bis sechzig Stunden im Büro produktiver sind als in dreißig, ist ein alter Mythos. Lange Arbeitszeiten wirken sich negativ auf die Kreativität aus, machen krank und beeinflussen unsere Schlafqualität negativ.[125] Das ist keine wirklich neue Erkenntnis. Trotzdem galt und gilt in vielen Unternehmen: Je länger die Mitarbeitenden da sind, desto mehr leisten sie, desto besser werden sie entlohnt. Mit dieser Haltung zu brechen, fällt immer noch schwer. Geradezu gewagt scheint es für viele Arbeitgeber zu sein, für weniger Arbeit das gleiche Geld zu zahlen wie für die alte Norm-Arbeitswoche von vierzig Stunden. So stößt der Wunsch nach reduzierter Arbeitszeit in vielen Betrieben immer noch auf Unverständnis – gerade, wenn ihr auch noch eine Karriere oder eine Führungsposition anstrebt. Zwar arbeiten schon heute knapp vierzig Prozent aller Beschäftigten in Teilzeit, aber nur fünf Prozent der Führungskräfte.[126] Besonders Frauen nutzen diese Option – verständlich, immerhin kümmern sie sich auch mehrheitlich um die Kinder oder pflegebedürftige Angehörige. Doch natürlich bedeutet eine Reduzierung der Wochenstunden auch einen großen Wandel in der Arbeitswelt, da Prozesse angepasst, Grundwerte hinterfragt werden müssen. Außerdem müssten die Unternehmen mehr investieren: Zusätzliche Mitarbeitende einstellen und die Löhne anpassen. Und das kostet Geld.

Einfach die heutigen Vorstellungen und Rahmenbedingungen von Teilzeit zu übernehmen, erscheint mir wenig zeitgemäß. Im Moment bedeutet Teilzeit oft weniger Geld und weniger Aufstiegschancen. Nicht umsonst spricht man noch von der Teilzeit-Falle. Vor allem betroffen sind davon Mütter, die, nachdem die Kinder groß genug sind, wieder auf eine Vollzeitstelle zurückkehren wollen und nicht können.[127] Dieses Schicksal schreckt viele Männer davon ab, mehr familiäre Verantwortung zu übernehmen – selbst wenn sie es gerne tun möchten. Dazu kommt: Ein*e IT-Expert*in mit hohem Gehalt kann sich eine Dreißig-Stunden-Woche eher leisten als die Erzieherin oder der Krankenpfleger. Solche berechtigten Kritikpunkte möchte ich weder verschweigen noch »schönschreiben«. Damit sind wir wieder bei der Frage nach der angemessenen Bezahlung systemrelevanter Berufe und Stellen in Teilzeit. Hier sind Politik und Wirtschaft gefragt. Sie müssen die Teilzeit als neue Vollzeit fördern und attraktiv machen. Doch das liegt nicht in unserer Hand. Deshalb kommen wir nochmal zurück zum Ausgangspunkt: Warum ist weniger Arbeit für uns Eltern (und auch für unsere Arbeitgeber) attraktiv? Blicken wir auf die Software- und Technologie-Branche, sehen wir dort schon einige Vorreiter bei der Umsetzung kürzerer Arbeitszeiten. Besonders hervorheben möchte ich an dieser Stelle das Software-Unternehmen SAP. Beim Väter-Summit in Berlin berichtete SAP-Personalchef Cawa Younosi, dass alle Stellen inzwischen regulär als Teilzeit-Beschäftigungen ausgeschrieben werden. Das gilt übrigens auch für Führungspositionen. Sie werden so angelegt, dass sie entweder im Tandem oder mit einer 75-Prozent-Stelle ausfüllbar sind. Vollzeit ist nur eine Option.[128] Anfangs stießen die Pläne des Personal-Revoluzzers Younosi im eigenen Konzern auf viele Widerstände. Wie soll man seine Arbeit in weniger Zeit schaffen, gerade als Führungskraft mit ohnehin schon vollem Kalender und chronisch knapper Zeit? Man solle doch warten, bis sich die Arbeitswelt verändert, so der Tenor. Doch darauf wollte Younosi nicht warten, er startete lieber einen Testballon – mit einzelnen Führungskräften in Teilzeit, mit Weiterbildungen in Arbeitsorganisation und dem Delegieren von Aufgaben. Mit Erfolg: Inzwischen besteht die »Führen in Teilzeit«-Option im gesamten Konzern, besonders beliebt ist sie bei Frauen. Aber auch die Männer ziehen nach und interessieren sich für Teilzeit-Lösungen. Natürlich ist man bei SAP nicht ganz selbstlos, im Gegenteil: Weniger Arbeit macht kreativer und wirkt sich auch noch positiv auf die Produktivität aus. Außerdem fördert sie die Motivation der Mitarbeitenden und ist gut für die Gesundheit – gerade in Zeiten einer alternden Gesellschaft ein wichtiger Faktor. Sie gibt den Mitarbeitenden mehr Gestaltungsfreiheit zurück, sie können ihre Arbeitszeit anpassen. Entweder machen sie früher Feierabend und verbringen die gewonnene Zeit mit ihrer Familie und nutzen sie für Hobbys, oder sie gönnen sich sogar einen ganzen freien Tag. Mit der flexiblen Arbeitsgestaltung und Vertrauensarbeitszeit, mit dem Recht auf Homeoffice nimmt man ihre Bedürfnisse und Wünsche ernst. Das zahlt sich auch in der Treue der Fachkräfte und im gesellschaftlichen Bild als innovatives Unternehmen aus. Das wiederum hilft dabei, neue Mitarbeitende für sich zu gewinnen. In Zeiten des Fachkräftemangels ist das ein wichtiger Faktor. Wir Eltern sind bei solchen Testballons und Vorreitern die Gewinner. Mit einer Dreißig-Stunden-Woche haben wir mehr Zeit für die Kinder und können uns gleichzeitig beruflich verwirklichen. Vor allem dann, wenn Mutter und Vater beide von einer Reduzierung der Arbeitszeit Gebrauch machen und auch in der dazugewonnenen Familienzeit Aufgaben paritätisch verteilen. Um dahin zu kommen, sind wieder beide Seiten gefragt: Unternehmen müssen Angebote für Väter und Mütter schaffen, die in Teilzeit arbeiten und führen wollen. Und wir selbst sollten den Mut haben, mit alten Rollenbildern von hart arbeitenden Familienernährern und Zuverdienerinnen zu brechen. Immerhin möchte gut ein Viertel der Väter mit Kindern unter 18 Jahren gerne die Wochenstunden im Job reduzieren. Trotzdem ist eine große Mehrheit von ihnen bei der Umsetzung eher zurückhaltend.[129] Die Hauptgründe sind Geld und die Angst vor Karriererückschlägen. Etwas polemisch könnte man sagen: Wir Männer, die in Teilzeit arbeiten wollen, laufen nun Gefahr, an die gleichen Grenzen und Glasdecken zu stoßen wie die Frauen schon seit vielen Jahrzehnten. Vielleicht bietet unser geteilter Unmut darüber die Chance, vehementer die Vereinbarkeitsfrage im Berufsleben zu stellen, und zwar gemeinsam. Erst wenn mehr Männer in Teilzeit arbeiten, entsteht daraus eine neue Normalität mit Sogwirkung. Andere Männer werden folgen, und die Firmen müssen sich darauf einstellen, dass es genauso »risikoreich« ist, eine Frau zu beschäftigen wie einen Mann – beide könnten lange in Elternzeit gehen und danach ihre Stunden reduzieren.

Jobsharing für Eltern: Verantwortung lässt sich auch teilen

Für eine Arbeitsteilung innerhalb der Familie habe ich ja schon geworben. Doch Arbeitsteilung – oder modern Jobsharing genannt – funktioniert auch im Beruf. Die Idee ist reizvoll: Wir müssen uns nicht mehr entscheiden, ob wir Karriere machen und deswegen die Kinder weniger sehen, oder ob wir eben auf die berufliche Erfüllung verzichten und dafür mehr Familienzeit haben. Nun gibt es eine dritte Option, und zwar die Arbeitsteilung mit der einfachen Formel: Teilzeit plus Teilzeit ergibt Vollzeit. Aufgeteilt werden können die Arbeitszeiten (Jobsplitting) oder die Verantwortlichkeiten – einer kümmert sich beim Jobpairing stärker um die Organisation im Hintergrund, einer hat stärkeren Kundenkontakt. Als dritte Variante gibt es auch die partnerschaftliche Aufteilung einer Führungsposition – das sogenannte »Topsharing«. Neu ist dieses Modell in all seinen Facetten nicht: Den Ursprung hat das Jobsharing in den USA. Bereits seit den Achtzigerjahren gibt es die ersten Versuche auch in Deutschland.[130] Tatsächlich wird Jobsharing laut einer Umfrage der Unternehmensberatung Roland Berger in 32 Prozent der befragten Unternehmen theoretisch angeboten. Aber nur 16 Prozent der Beschäftigten wissen davon.[131] Aus meiner Sicht würde sich ein bisschen mehr Öffentlichkeitsarbeit für dieses Modell durchaus lohnen, und zwar für beide Seiten. Nicht nur die Führungskräfte im Tandem profitieren von mehr Freiheiten und Flexibilität gepaart mit weiterhin hoher Verantwortung und Karrieremöglichkeiten, sondern auch die Arbeitgeber selbst. Es zahlt sich aus, wenn die Mitarbeitenden weniger und selbstbestimmter arbeiten. Sie bleiben dem Unternehmen länger treu, sind ausgeruhter und in der selbstgewählten Arbeitszeit produktiver. Zusätzlich stärken solche Angebote die Position der Betriebe im Wettstreit um neue Arbeitnehmer*innen. Und wenn sich zwei Mitarbeitende eine Führungsposition teilen, dann bedeutet das in der Summe auch mehr Kompetenz, zwei Blickwinkel und damit in der Regel ein Plus an Kreativität. Allerdings hat dieser Gewinn auch seine »Hürden«. Zwei Führungskräfte in Teilzeit einzustellen, kostet die Unternehmen mehr als eine in Vollzeit. Allerdings braucht die geteilte Verantwortung gerade am Anfang mehr Organisation und mehr Kommunikation. Außerdem muss die Chemie zwischen den Tandem-Partner*innen stimmen. Nur wenn die Ansprüche und die Haltung der Jobsharer in Sachen Arbeit übereinstimmen, macht dieses Modell Sinn. Die Fähigkeiten und Qualifikationen innerhalb des Tandems können dagegen durchaus unterschiedlich sein. Oft profitiert man sogar von einer Ergänzung von Sichtweisen und Erfahrungen. Trotzdem müssen Zuständigkeiten klar kommuniziert, Aufgaben gut geteilt und Prozesse und Absprachen gut dokumentiert werden, sonst werden Abläufe unnötig aufgebläht. Passt aber alles, ist Jobsharing ein spannendes Arbeitsmodell, das immer beliebter wird – ein Indiz dafür: Große Unternehmen wie Bosch, Beiersdorf oder SAP haben inzwischen Programme entwickelt, um Mitarbeitende zusammenzubringen, die Interesse an einer aufgeteilten Verantwortung haben.[132] Auch immer mehr Startups wie Idealo oder Babbel setzen öffentlichkeitswirksam auf geteilte Führungspositionen. In der Mitte der Arbeitswelt angekommen ist das Modell allerdings noch nicht.[133] Und selbst in den vielzitierten Vorreiter-Unternehmen ist die Zahl der Jobsharer noch überschaubar. In konservativen Firmen sind die Berührungsängste oder auch die Unkenntnis ungleich höher. Deshalb ist auch hier wieder eure Eigeninitiative gefragt. Zum Beispiel könntet ihr euch gleich zusammen mit einer Kollegin auf eine neue Führungsposition in eurer Firma bewerben. Ganz nach dem Motto: Wer den Wandel will, muss ihn auch einfordern und gestalten.

Warum Familienfreundlichkeit auch eine Aufgabe von Unternehmen ist

Natürlich wäre es falsch, Vereinbarkeit als eine rein private Angelegenheit zu sehen. Auch Unternehmen sollten und müssen ihren Beitrag zu Familienfreundlichkeit leisten. Dazu gehören Angebote zur Kinderbetreuung genauso wie flexible Arbeitszeiten, Meetings nicht vor 8 oder nach 17 Uhr oder Führungspositionen, die in Teilzeit oder im Tandem ausgefüllt werden können. Doch so weit sind längst nicht alle. Vielerorts sind eine Sechzig- bis Siebzig-Stunden-Woche oder ausgiebige Dienstreisen immer noch Voraussetzungen für eine Karriere, Vorgesetzte erwarten auch am Wochenende Antworten auf E-Mails. So stoßen vor allem die Eltern an Grenzen, die weder das klassische Anderthalb-Verdiener-Modell leben noch zwei Vollzeit-Jobs mit täglich zehn Stunden Kita haben wollen. Laut einer Umfrage des Bundesfamilienministeriums empfinden ein Drittel aller Beschäftigten ihr Unternehmen als nicht familienfreundlich. Nur knapp 19 Prozent glauben, dass ihr Arbeitgeber auf ihre persönliche Lebenssituation eingeht.[134] Mit anderen Worten: Die Unternehmen und ihre Führungskräfte müssen sich noch mehr ins Zeug legen. Es gibt handfeste Argumente, warum sich Familienfreundlichkeit für Unternehmen lohnt. Inzwischen können es sich Unternehmen nicht mehr leisten, gut ausgebildete Frauen (und auch Männer) zu verlieren, nur weil diese gerne mehr Zeit mit der Familie verbringen und nicht täglich acht bis zehn Stunden im Büro sitzen wollen. Untersuchungen zeigen sogar, dass Mütter nach der Geburt schneller und mit höherer Stundenzahl zurückkehren, wenn ihr Arbeitgeber flexible Arbeitszeitmodelle oder verantwortungsvolle Positionen in Teilzeit bietet.[135] Doch nicht nur in der Mitarbeitenden-Bindung ist Familienfreundlichkeit wichtig, sondern eben auch in der Werbung um neue Fachkräfte. Nicht umsonst boomen Siegel wie »Familienfreundlicher Arbeitgeber« und werden Arbeitgeber-Bewertungsportale wie kununu.de gerne gelesen. Gerade Young Professionals schauen bei der Wahl ihres Arbeitsplatzes längst nicht mehr nur auf die Gehaltsangebote oder den Dienstwagen, sondern auch auf Faktoren wie Familienfreundlichkeit oder Sinnhaftigkeit der Arbeit. Eine weitere Neuerung: Diese Vorteile werden offensiv eingefordert – oft sogar schon im Bewerbungsgespräch.[136] Von dieser Haltung profitieren übrigens nicht nur Akademiker*innen und gut bezahlte Berufe, in denen mobiles Arbeiten schon lange möglich ist. Ein schönes Beispiel für familienfreundliche und selbstbestimmte Arbeitsplatzgestaltung stammt aus dem Dresdener Kundencenter der Otto Group. Dort wurden die Mitarbeitenden vor einigen Jahren auf ihre Wünsche hin befragt. Das Ergebnis: Die großen Uhren über den Schreibtischen wurden abgeschafft, sie erzeugten zu viel Druck. Bürokratie wurde beispielsweise beim Ausstellen von Gutschriften reduziert, und die Teams durften ihre Schichtpläne selbst gestalten. Zwar ist das Callcenter immer noch 24 Stunden am Tag, sieben Tage die Woche, 365 Tage im Jahr besetzt. Aber die Arbeitszufriedenheit stieg deutlich, genau wie die Produktivität. Ein wichtiger Faktor dabei ist die Vereinbarkeit. Wenn früher ein Kind krank wurde oder die betagte Angehörige Unterstützung brauchte, musste eine (Not-)Lösung in der Familie gefunden werden oder eine Krankschreibung her. Heute werden einfach die Schichten getauscht. Inzwischen hat das Dresdener Modell Schule im Konzern gemacht. Natürlich kann diese Selbstverantwortung noch viel weiter gehen. In vielen modernen Unternehmen organisieren die Teams ihre Arbeitszeiten inzwischen selbst. Im Prinzip kann jeder dort arbeiten, wo er will und kann. Hauptsache, das Ergebnis stimmt und die Zusammenarbeit im Team gelingt. Bei den Mitarbeitenden werden solche Angebote immer gefragter. Deshalb ist es wichtig für Unternehmen, in Zukunft auf weniger starre Kulturen und Gegebenheiten zu setzen und sich stärker zu fragen, was eigentlich die Mitarbeitenden brauchen. Zum Beispiel reicht es nicht aus, einen festen Homeoffice-Tag zu bieten, wichtiger sind individuelle Regelungsmöglichkeiten. Zum Beispiel könnte ich morgens zwei bis drei Stunden zu Hause arbeiten, den Berufsverkehr umgehen, die Kinder entspannt am Morgen begleiten und in die Kita oder zur Schule bringen. Danach fahre ich zum ersten Meeting ins Büro oder setze mich an den heimischen Schreibtisch, um konzentriert zu arbeiten. Natürlich braucht es dafür nicht nur den Wunsch oder die technischen Möglichkeiten, sondern auch eine offene und familienfreundliche Unternehmenskultur. So kann es sein, dass Unternehmen zwar flexible Arbeitsmodelle bieten, gleichzeitig aber die »alten« Werte der Arbeitswelt omnipräsent sind. Ein einfaches Beispiel: Jahrzehntelang standen die Mitarbeitenden ihren Firmen zu festen Zeiten zur Verfügung. Ihr Privatleben ordneten sie der Arbeit unter. Diese Ansprüche übertragen sich in vielen Firmen auch auf die digitale Verfügbarkeit. Plötzlich wurde es Konsens, spätabends noch einmal Mails zu checken und am Wochenende von zu Hause aus an einem Projekt zu arbeiten. Die Folgen sind mehr Stress und höhere krankheitsbedingte Ausfälle.[137]

Umso wichtiger ist ein grundlegender Kulturwandel in der Wirtschaft. Es braucht mehr Achtsamkeit, mehr Bewusstsein für die klare Trennung zwischen Privat- und Arbeitszeit, mehr Abschalten am Feierabend – gerade in Zeiten von mehr Homeoffice. Business-Coach Paula McLeod brachte unlängst das Fake-Pendeln ins Spiel. Statt einfach vom Frühstückstisch an den Schreibtisch zu wechseln, rät sie ihren Klient*innen zu einem Morgenspaziergang oder einer Yoga-Stunde vor oder nach der Arbeit. Durch solche Rituale lassen sich Arbeit und Privates auch symbolisch gut trennen.[138] Auch diese Gestaltung der Work-Life-Balance ist keine reine Privatangelegenheit, sondern wird im besten Fall von den Unternehmen mitgestaltet. So hat der Software-Konzern SAP nicht nur seinen Mitarbeitenden die Wahl des Arbeitsortes freigestellt und die Arbeitszeit-Kontrolle abgeschafft, sondern gleichzeitig auch ein Achtsamkeitsprogramm namens »SAP For You« geschaffen. Das Ziel: Eine Abkehr von der Always-on-Kultur hin zu der selbstbestimmten Entscheidung, den Laptop nun zuzuklappen.[139] Ganz wichtig sind aber auch Führungskräfte, die diese neue Haltung vorleben – zum Beispiel, indem sie eben keine Meetings um 17 Uhr ansetzen, nicht erwarten, dass auch am Wochenende Mails beantwortet werden oder auch selbst um 15 Uhr Feierabend machen, um mit den Kindern auf dem Fußballplatz zu stehen. Mit solchen

Vorbildern wird es plötzlich cool und normal, mehr Zeit für die Familie einzufordern. Aus der Belegschaft allein kann Vereinbarkeit allerdings nur schwerlich entstehen. Zum Beispiel sollte es möglich sein, auch in Teilzeit verantwortungsvolle und entsprechend gut bezahlte (Führungs-)Aufgaben zu übernehmen. Manche Unternehmen stocken sogar das Gehalt von Eltern auf, die für die Kinder ihr Arbeitspensum zeitweise reduzieren möchten. Ein Vorreiter ist dabei der Telekommunikationsanbieter Vodafone. Das Düsseldorfer Unternehmen zahlt Vätern und Müttern, die nach der Elternzeit 25 Prozent weniger arbeiten wollen, sechs Monate lang ein Vollzeitgehalt.[140] Die Gründe für solche Programme liegen auf der Hand und sind immer dieselben: mehr Zufriedenheit in der Belegschaft, mehr gleichberechtigte Aufteilung, eine gute Außenwirkung auf dem umkämpften Bewerbermarkt. Natürlich gibt es auch noch genug andere Angebote von Seiten der Unternehmen, die Eltern im Alltag entlasten. Mit einem Betriebskindergarten können Unternehmen zum Beispiel selbst die Betreuungslücken für Eltern junger Kinder schließen und zwar mit Angeboten, die oft deutlich flexibler sind als staatliche und andere private Kindertagesstätten. Nicht umsonst haben viele große Unikliniken eigene Kitas, deren Betreuungszeiten für Pflegekräfte und Ärzt*innen im Schichtdienst passend sind. Auch dieses Angebot kann durchaus als Bestandteil der Mitarbeiter- und Fachkräftesicherung gesehen werden.[141] Den Eltern spart der Betriebskindergarten Wege und gibt ihnen größeren Spielraum bei der Arbeitszeitgestaltung. Beides verbessert die Vereinbarkeit. Außerdem fallen oft die Kita-Gebühren weg.[142] Natürlich gibt es auch kleinere Angebote, die Familien im Alltag helfen. Große Unternehmen bieten zum Beispiel spontane Kinderbetreuung für Notfälle, einen Lieferservice für Lebensmittel und Einkäufe oder eine Kantine-to-go für alle Mitarbeitenden. Sie brauchen dann nicht mehr für ihre Familie am Abend oder Mittag kochen. Wenn euer Arbeitgeber all das nicht macht, ist das übrigens noch lange kein Grund zur Kündigung. Ihr könnt selbst aktiv werden und Vorschläge zur Unterstützung von Eltern machen. Nur Mut: Oft sind die Vorgesetzten sogar sehr dankbar für neue Impulse und andere Perspektiven.

Dritte Säule der Vereinbarkeit: Das Ich und das Wir

Liebevolle Mutter, zugewandter Vater – Vollgas im Job, dazu engagiert im Haushalt und in der Kita: Als Eltern wollen oder müssen wir viele Ansprüche erfüllen. Doch eins bleibt dabei oft auf der Strecke, und zwar das Wir und das Ich. Das ist schade. Immerhin sind wir vor allem dann liebevolle Eltern, wenn wir selbst in uns ruhen und genug Kraft und Nerven haben. Und auch unsere Partnerschaft dürfen wir über kurz oder lang nicht vernachlässigen. Gerade nach der turbulenten Baby-Zeit ist es wichtig, sich wieder mehr Zeit füreinander zuzugestehen. Deshalb möchte ich mein abschließendes Kapitel auch der Partnerschaft und der Selbstfürsorge widmen.

Meine Routinen: Ein Coach erzählt

Christopher ist systemischer Coach und Vater von zwei Kindern. Ihn habe ich nach seinen Routinen für Selbstfürsorge und Partnerschaft gefragt.

Ich bin eigentlich kein großer Freund davon, anderen Menschen Routinen zu empfehlen. Die Gestaltung seines eigenen Alltags ist etwas sehr Individuelles. Auch im Coaching gebe ich eher Impulse und Denkanstöße, statt irgendwelche Konzepte vorzuschreiben. Deshalb halte ich auch nichts davon, mich an Routinen erfolgreicher Menschen oder irgendwelcher Coaches zu orientieren. Stattdessen sollte jeder versuchen, seine eigene, wertschätzende Struktur zu finden, die ihm persönlich hilft und guttut, aber kein schlechtes Gewissen erzeugt. Mir persönlich hilft vor allem die Meditation. Deshalb stehe ich am Morgen oft früher auf als der Rest der Familie und mache Qi Gong – auf dem Balkon oder im Wohnzimmer. Mal zehn Minuten, mal eine Stunde, je nachdem, wie ich mich gerade fühle. Die Kombination aus Meditation und sanfter Bewegung hilft mir, im Tag anzukommen und mich zu sammeln. Danach kann ich entspannt und gelöst mit meiner Familie frühstücken und den Praxistag starten. Natürlich gibt es auch Tage, an denen ich einfach liegen bleibe. Das ist auch völlig in Ordnung und eine Entscheidung für mich selbst. Der nächste bewusste Teil meines Tages ist der Arbeitsweg. Meine Praxis kann ich mit dem Fahrrad erreichen, auf dem Weg bringe ich noch meine Tochter in die Schule. Das gibt uns gemeinsame Zeit, und außerdem bewege ich mich noch ein bisschen an der frischen Luft. Ich versuche wirklich, bei Wind und Wetter aufs Rad zu steigen. Auch das tut mir gut. Die Arbeit selbst erlebe ich eher als Erfüllung denn als Pflicht. Ich war davor zwanzig Jahre in den Medien tätig und habe irgendwann einfach gemerkt, dass mir die Arbeit mit Menschen deutlich mehr Spaß macht. Ich arbeite vor allem mit Eltern zu Themen wie Erziehung oder auch zu Paar-Konflikten. Diese Arbeit ist oft sehr intensiv und kostet bei aller Freude auch Kraft. Deshalb tausche ich mich regelmäßig mit Kolleg*innen aus und suche die Supervision. All diese Routinen klingen jetzt sehr genau geplant und strukturiert. Allerdings war der Weg dorthin lang. Ich habe vieles ausprobiert und vieles wieder verworfen, weil es sich nicht richtig anfühlte oder nicht zu mir und meinem Alltag passte. Zum Beispiel brauche ich abends keine Meditation, kein Yoga oder Qi Gong mehr. Da lese ich lieber meiner Tochter eine Gute-Nacht-Geschichte vor oder schaue mit meiner Frau eine Serie. Die einzige echte Routine am Abend ist das Ordnung Machen. Wenn alle im Bett sind, räume ich nochmal die Wohnung auf, schließe die Haustür ab und krame in der Küche. Das gibt mir Sicherheit und hilft mir, mit dem Tag abzuschließen.

So wie ich mich selbst immer wieder frage, was mir guttut, halte ich es auch in der Beziehung. Wir haben als Paar keine echten Routinen wie einen wöchentlichen Paarabend. Stattdessen sorgen wir einfach füreinander. Wir küssen und umarmen uns regelmäßig. Damit drücken wir auch unseren Zusammenhalt aus. Wertschätzung für den Partner halte ich für ein wichtiges Element der Liebe. Ich versuche, mich regelmäßig zu fragen, was ich an meiner Frau schätze und was ich von ihr lernen kann. Meine Frau hat mir zum Beispiel gezeigt, wie man mal richtig laut werden kann. Ich konnte mich gefühlt vor ihr gar nicht richtig streiten. Dabei ist Wut eine wichtige und tolle Emotion, die auch mal rausmuss. Dazu kommt eine offene Gesprächskultur.

Wir signalisieren uns sehr bewusst, wenn wir Gesprächsbedarf haben, und schaffen dann auch einen passenden Rahmen dafür – wenn nicht sofort, dann wenigstens abends, wenn die Kinder schlafen. Natürlich funktioniert sowas nicht von heute auf morgen, sondern braucht Übung. Einerseits muss ich mir eingestehen, dass ich gerade Gesprächsbedarf habe und einen Konflikt klären möchte oder den Rat des Partners oder der Partnerin brauche, und ich muss es bewusst einfordern. Dieses Aktivwerden fällt vielen Paaren schwer. Ich erlebe es in meiner Praxis immer wieder, dass Paare voneinander erwarten, dass Sorgen vom anderen gespürt oder erahnt werden. Doch das gelingt nicht immer. Manchmal sind wir einfach zu sehr mit unserem eigenen Alltag beschäftigt und nehmen die Signale des anderen schlicht nicht wahr. Fordern wir dann nicht das Gespräch aktiv ein, sondern warten auf ein Entgegenkommen, entstehen schnell Frust und Wut – und daraus Streitigkeiten und Vorwürfe.

Warum die Familie nicht immer vorgeht

Unsere Tage als Eltern sind ziemlich voll, gefühlt ist jede Minute durchgetaktet – zumindest zwischen 5 und 6.30 Uhr, wenn das Kind zum ersten Mal die Augen aufschlägt, und 21 Uhr, wenn im Kinderzimmer langsam Ruhe einkehrt. Danach räumen wir kurz auf, arbeiten noch an einer Präsentation für die Arbeit und dann fallen wir todmüde ins Bett – vielleicht reicht die Kraft noch für eine halbe Stunde Netflix, eine Folge des Lieblingspodcasts oder ein paar Seiten des Buches, das schon seit Wochen auf dem Nachttisch verstaubt. Diese Beschreibung kommt den meisten Leser*innen wahrscheinlich bekannt vor. Leider geht an solchen Tagen etwas Wichtiges verloren, und zwar der Blick auf uns selbst. Ich habe ja schon im Kapitel über die Zeit mit Baby angemerkt, dass wir Eltern sehr gut darin sind, es allen recht machen zu wollen. Das bleibt mit älteren Kindern weitgehend gleich. Die Aufgaben und Herausforderungen verändern sich nur. Aus Stillen wird irgendwann die Begleitung der Hausaufgaben, aus Windelwechseln Diskussionen um Medienzeit, aus dem Babykurs die Fahrten zum Fußballtraining. Oft merken wir gar nicht, wie stark wir uns dabei aufreiben. Die Aussage »Familie geht vor« stimmt deshalb nicht immer. Zu diesem Thema habe ich mit Jörg Kundrath gesprochen. Er ist Papa und Business-Coach. Seine Haltung lautet mehr »Me first«, denn davon profitiert auch die eigene Familie. Bevor ihr jetzt den Kopf schüttelt und laut widersprechen wollt, haltet einen Moment inne. Im Recherche-Gespräch führt Kundrath seine Thesen weiter aus. Seine für mich wichtigste Aussage: Nur wenn ihr bei euch seid und genug Kraft habt, könnt ihr auch wirklich aufmerksame und zugewandte Eltern sein. Deshalb solltet ihr euch selbst im Auge behalten und bewusst Freiräume und Zeit für euch schaffen. Vor allem auf Dauer ist das leichter gesagt als getan: In der Elternzeit waren Auszeiten noch leichter organisiert – der Berufstätige übernahm die Nachtschicht oder die Oma war für ein paar Stunden zur Stelle. Doch wie sollen wir in dem neuen, so auf Kante genähten Alltag mit zwei Berufstätigen noch eine Lücke für wie auch immer gestaltete Auszeiten finden? Ganz einfach: Wir müssen es uns erlauben und konsequent die Lücke dafür schaffen. Dafür ist aber ein Umdenken nötig. Wir sind so stark an Multitasking gewöhnt und auch noch stolz darauf. Unter der Dusche denke ich über den perfekten Anfang für einen Text nach, auf dem Klo tippe ich die Einkaufsliste und während des Morgenkaffees beantworte ich erste Mails. Dazu kommt der fehlende Mut zu etwas mehr Egoismus und etwas offensiverem Einfordern von Freiräumen – für ein Buch, eine Jogging-Runde, für einen Einkaufsbummel. Ohne solche Momente der Entspannung und des Krafttankens geht es nicht. Wenn wir immer unter Feuer stehen und nur an die anderen – die Kinder oder den Partner – denken, sind wir nicht zwangsläufig auch eine fürsorgliche Person, sondern laufen Gefahr, nicht mehr die entspannten, geduldigen und ruhigen Eltern zu sein, die wir eigentlich sein wollen.[143] Umso wichtiger sind Auszeiten und gesunder Egoismus. Damit seid ihr ein gutes Vorbild für eure Kinder. Immerhin zeigt ihr, wie wichtig es ist, wertschätzend und achtsam mit sich selbst umzugehen. Die gute Nachricht für alle, die nun sagen, dass sei in der Theorie nachvollziehbar, aber im Alltag kaum umzusetzen: Selbstfürsorge braucht nicht viel Zeit, ihr müsst nicht mit Yoga beginnen oder täglich eine Stunde meditieren, außer euch hilft das wirklich. Viel wichtiger erscheint mir eine Art »Achtsam-Mindset« – also den ständigen, fürsorglichen Blick auf euch selbst, damit ihr euch und eure Bedürfnisse nicht vernachlässigt.

Hilfreich ist hier das Bild des Energietanks: Überlegt euch noch einmal, wofür ihr nun im Alltag eure Energie braucht. Seit der Elternzeit hat sich wahrscheinlich viel verändert. Ihr stillt nicht mehr, besucht keine Babykurse mehr. Dafür braucht ihr nun mehr Kraft für die Arbeit, steht nach Feierabend auf dem Spielplatz oder geht zum Kinderturnen. Eher konstant bleiben dagegen der Haushalt und die Partnerschaft. Entsprechend müsst ihr auch eure Energiequellen anpassen. Vielleicht schlaft ihr nun mehr und könnt sogar wieder Sport treiben. Trotzdem macht es Sinn, nach weiteren Kraftquellen zu suchen – also Dinge, die euch wirklich entspannen. Wenn ihr gerne Computerspiele zockt oder die Bundesliga-Konferenz schaut, dürfen das gerne eure Kraftquellen sein. Stille und Yoga gefällt schließlich nicht jedem. Viel wichtiger ist, dass sich Energie-»Einnahmen« und -»Ausgaben« die Waage halten – jedenfalls an den meisten Tagen. Als Ergänzung zu den Selfcare-Ideen aus dem zweiten Kapitel habe ich an dieser Stelle ein paar Tipps und Inspirationen aus meinen Gesprächen mit Coach*innen und Expert*innen zusammengetragen.

Vier Tipps für mehr Selbstfürsorge im Familienalltag

Tipp Nr. 1:
Einander nach den Bedürfnissen fragen

In der Regel sind wir als Eltern nicht sehr gut darin, die eigenen Bedürfnisse zu sehen, geschweige denn einzufordern. Geht deshalb regelmäßig in den Dialog und fragt euren Partner oder eure Partnerin, was er oder sie gerade zur Erholung braucht und wie ihr gemeinsam diese Bedürfnisse erfüllen könnt. Das hilft dabei, aufeinander zu achten und sich gegenseitig Auszeiten zu »schenken«. Ob es dabei feste Termine für die Auszeit oder Rituale für die Selbstfürsorge braucht, oder die Auszeiten auch spontan und bei Gelegenheit genutzt werden, kommt ganz auf eure eigene Familiensituation und die eigenen Vorlieben an. Erfahrungsgemäß sind geplante Pausen leichter und regelmäßiger umsetzbar als das Warten auf einen günstigen Moment für etwas mehr Selbstfürsorge.

Tipp Nr. 2:
Exit-Strategien entwickeln

Im Familienalltag gibt es immer wieder mal stressige Zeiten, gerade mit Kindern in der Autonomiephase oder am Rande der Pubertät. Nicht selten treffen uns diese emotional sehr herausfordernden Situationen in Momenten, in denen wir selbst viel Kraft und Nerven für andere Dinge aufwenden müssen. Gerade in Zeiten von Corona empfand ich es als sehr schwer, meinen Sohn emotional zu begleiten und gleichzeitig alle Sorgen um ausbleibende Aufträge oder Angehörige in der Risikogruppe zu vergessen. Sind wir selbst aber nicht im Vollbesitz unserer Kräfte und Geduldsfäden, kann es im Alltag schnell eskalieren. Für diese Momente sollten wir uns unbedingt Exit-Strategien überlegen. Wenn ihr merkt, dass es euch gerade zu viel und zu laut wird, ist es völlig in Ordnung, mal fünf Minuten auf dem Klo oder auf dem Balkon zu verschwinden, durchzuatmen und sich zu sammeln. Manchmal hilft es auch, die Handbremse zu ziehen und Tempo und Dampf aus der Situation zu nehmen – zum Beispiel mit einer Folge der Lieblingsserie und Gummibärchen auf dem Sofa. Nach zehn Minuten können dann alle von vorne beginnen. Dieser Neustart wirkt bei uns Wunder, und oft ist dann der Trotzanfall genau wie unser ganzer Ärger völlig vergessen. Gleiches gilt übrigens auch für den Gang auf den Spielplatz oder das Austoben in der Wohnung. Wir haben zum Beispiel eine Trampolin-Matte im Wohnzimmer. Darauf kann sich mein Sohn richtig austoben, wenn er mal nicht weiß, wohin mit seinen Kräften. Natürlich sind das alles keine pädagogischen Allzweckwaffen und funktionieren nicht immer – aber meistens.

Tipp Nr. 3:
Auch mal Nein sagen

Wer backt einen Kuchen für das Sommerfest in Kita oder Schule? Wer möchte Elternvertreter werden? Mama, ich muss noch ein Diorama basteln, bis morgen! Im Alltag landen bei uns Eltern viele Aufgaben und »Anfragen« – von der Schule, von der Kita, von den eigenen Kindern. Zur Selbstfürsorge gehört es, auch mal Nein zu all diesen Wünschen zu sagen. Das gilt übrigens nicht nur für den Familienalltag, sondern auch im Berufsleben. Gerade wenn ihr ohnehin kaum Zeit und vielleicht auch noch zu wenig Kraft habt, bedeutet jede zusätzliche Aufgabe zusätzlichen Stress. Deshalb fragt euch immer: Muss ich das überhaupt machen und bin ich wirklich dafür zuständig? Oftmals ist ein*e Kolleg*in der bessere Ansprechpartner. Vielleicht kann das Kind sein Lego-Auto selbst wieder zusammenbauen oder findet seine Sporttasche ohne eure Hilfe? Eine weitere, ganz wichtige Frage ist: Muss ich das sofort erledigen oder hat das noch Zeit? Oftmals lassen wir uns von neuen Aufgaben oder Wünschen von unserem eigentlichen Vorhaben abbringen oder zumindest dabei unterbrechen. Deshalb ist es sinnvoll, nach der Dringlichkeit zu fragen und im Alltag zu priorisieren. Vielleicht reicht es völlig aus, den Rasen erst nächste Woche zu mähen, einen Fensterputzer zu bestellen, statt selbst Hand anzulegen, oder die Vokabeln am Abend abzufragen. Am besten tragt ihr euch einen Termin dafür ein und verschiebt die Aufgaben auf eine Zeit, in der es nicht so stressig ist. Und die dritte Frage ist ebenfalls sehr wichtig: Habe ich dafür überhaupt Zeit? Das sollet ihr euch besonders vor der Übernahme von größeren Aufgaben in der Kita, Schule oder im Sportverein überlegen. Habt ihr nämlich eigentlich gar keine Luft mehr für das Amt des Kassenwarts und sagt nicht konsequent Nein, führt das nur zu weiteren Gewissenskonflikten und zusätzlichem Stress.

Tipp Nr. 4:
Eine positive Haltung zu sich selbst entwickeln

Selbstfürsorge bedeutet nicht nur, Auszeiten zu nehmen, sondern auch eine positive Haltung zu sich selbst zu entwickeln. Dazu gehört zum Beispiel, sich regelmäßig nach den eigenen Bedürfnissen zu fragen. Habe ich genug getrunken und gegessen? Möchte ich vielleicht mal fünf Minuten für mich oder mal kurz mit der besten Freundin sprechen? Diese Bedürfnisse wahrzunehmen und sich zu erfüllen, tut unheimlich gut und stärkt auch die innere Haltung zu sich selbst. Der zweite Schritt ist die aktive Selbstliebe. Wir dürfen am Ende des Tages ruhig dankbar und zufrieden mit uns selbst sein. Wir können uns auch ab und an auf die Schulter klopfen und sagen, dass wir unser Bestes gegeben haben, selbst wenn wir morgens beim Anziehen zu viel gemotzt haben oder keine Lust hatten, mit unserem Kind zum vierten Mal eine Conni-Geschichte zu lesen. Und wenn ihr doch Situationen habt, die euch nicht loslassen, dann redet darüber. Erklärt eurem Kind das eigene Verhalten und entschuldigt euch ruhig mal. Auch mit dem eigenen Partner könnt ihr euch den Frust von der Seele reden. Ihr könntet euch auch gegenseitig erzählen, was gut geklappt hat und welche schönen Momente es heute in der Familie gab. Dieses Lob stärkt die Liebe zu sich selbst und schafft die Chance, sich etwas von Erwartungen anderer zu befreien und stärker auf sich zu schauen. Das gilt für sich selbst, aber auch für die Kinder. Unsere Kinder sollten nicht nur Anerkennung bekommen, wenn sie Besonderes leisten. Das ist nicht die Definition von bedingungsloser Liebe. Wenn wir uns von dem Erwartungsdruck auf unsere Kinder lösen, entspannen wir auch unser Familienleben immens.

Eine kleine Übung für den Selbstwert

Jörg Kundrath hat mir eine tolle Übung für die Stärkung des Selbstwerts empfohlen. Ich habe das selbst getestet. Ihr schreibt 50 Dinge auf, die ihr gut könnt. Die ersten Stärken sind noch einfach, irgendwann bei 20 wird es schwieriger, doch je länger man nachdenkt, desto mehr Stärken kommen dazu. Alle Stärken auf einem Blick zu sehen, tut richtig gut – vor allem, wenn man gerade an sich zweifelt. Aus dieser einmaligen Visualisierung kann man auch eine Übung oder ein abendliches Ritual machen. Jeden Abend sagt ihr euch drei Dinge, die heute richtig gut geklappt haben. Auch das schafft ein schönes Gefühl zum Abschluss des Tages.

Partnerschaft:
Im Gespräch und Gefühl bleiben

Die nächsten Seiten – quasi ganz am Ende des Vereinbarkeitskapitels – haben mich Überwindung gekostet. Ich tue mir sehr schwer damit, Beziehungsratschläge zu geben. Anregungen für eine gleichberechtigte Rollenverteilung, ok, Ideen für die Gestaltung der Arbeitszeit, ja – aber Tipps, wie wir uns lieben sollen? Irgendwie ist mir das zu intim, irgendwie fühle ich mich zu wenig als Experte. Trotzdem möchte ich noch ein wenig über die Partnerschaft als Eltern sprechen – schließlich ist es wichtig, dass wir auch ein Paar und Verliebte bleiben. Dass das manchmal fast als Gegensatz erscheint, ist eigentlich absurd. Kinderlos erscheinen uns die Kinder als nächstes Level der Beziehung. Was wir vor der Geburt nicht ahnen, ist, welche Auswirkungen auch nur ein Kind auf unsere Beziehung hat. Wir können uns nicht vorstellen, welche Einschränkungen des bisher gekannten Lebens Elternschaft mit sich bringt, welche neuen Konfliktfelder entstehen und mit welchen Dingen wir plötzlich zu kämpfen haben. Die Zeit mit Baby fällt, auch was die Partnerschaft angeht, eher in die Kategorie Orientierungsphase, in der die Eltern erstmal ihren Platz finden müssen und es mehr Auseinandersetzungen geben kann. Irgendwann hat sich der Familienalltag eingependelt, und wir finden oft auch eine neue Paar-Routine – mit neuen Ritualen, mit vielleicht etwas mehr Verzicht. Vielleicht werden die Besuche beim Lieblingsitaliener selten, vielleicht führen Wochentrips nicht in romantische Hotels, sondern eben in eins für Familien. Umso schöner sind dann spontane oder geplante Auszeiten als Paar – auch, wenn sie seltener werden. War es früher der weltbewegende Sex, ist es heute an manchen Tag »nur« der Gute-Morgen-Kuss, die flüchtige Berührung, die einander Nähe signalisiert. Stichwort: Qualität vor Quantität. Und natürlich entstehen auch andere Formen von Romantik. Zum Beispiel können wir uns auch auf dem Spielplatz sehr verbunden fühlen, während der Nachwuchs versonnen im Sand spielt und die Welt einfach sehr in Ordnung ist. Das gilt natürlich auch, wenn beide in den Beruf zurückkehren und das Familienleben noch voller wird als vorher. Die vielleicht größte Veränderung in dieser Phase ist die stärkere Gleichberechtigung von Mann und Frau. Natürlich kümmert sich der eine vielleicht mehr um die Kinder und den Haushalt und die andere mehr um den Beruf. Trotzdem sind eure Rollen wieder stärker auf Augenhöhe. Das löst erstmal einige Konflikte aus der ersten Phase mit Kind ab – zum Beispiel Konflikte rund um den Alltag in Elternzeit und die Rolle des Ernährenden. Dafür entstehen neue Baustellen. So verknappt sich die Ressource Zeit deutlich. Mit der Rückkehr an den Arbeitsplatz kommt eine neue Aufgabe hinzu, und damit schwindet die Zeit für die Familie, für sich selbst und auch für die Partnerschaft. Und das wirft neue Fragen auf. Deshalb gibt es vor allem einen Ratschlag, den ich euch in Sachen Partnerschaft geben kann. Bleibt im Austausch und im Gefühl – nicht über die eigenen Wünsche und Vorstellungen zu sprechen und nur auf die sensiblen Antennen des oder der anderen zu vertrauen, ist äußerst riskant und führt im Zweifel nur zu unnötigen Konflikten. Sprecht frühzeitig miteinander – am besten noch in der Elternzeit – über Rollenverteilung nach der Rückkehr in den Beruf, die beruflichen Wünsche und die Ansprüche an das Familien- und Liebesleben. Doch bitte bleibt dabei realistisch. Ohne Verzicht funktioniert Vereinbarkeit nicht. Die Frage bleibt nur, worauf können wir als Paar verzichten: vielleicht auf Geld oder Karriereambitionen, wenn wir uns entscheiden, beide weniger zu arbeiten, vielleicht auf Zeit als Familie, wenn wir beide in Vollzeit berufstätig sein wollen, vielleicht aber auch auf Freizeit oder Hobbys. Der Austausch darüber ist keine einmalige Sache, ganz im Gegenteil. Es ist immens wichtig, regelmäßig miteinander über die eigenen Ideen und Vorstellungen zu sprechen und sich zu fragen, ob der aktuelle Familienalltag, die aktuellen Absprachen immer noch zur Lebenssituation passen oder ob ihr etwas verändern müsst. Natürlich könnt ihr auch in eurer Beziehung mal weniger präsent sein. Zum Beispiel, wenn ihr ein einmaliges Jobangebot mit höherer Stundenzahl bekommt, wenn ein zweites oder drittes Kind geboren wird oder wenn ein Haus (um-) gebaut werden soll. In dieser Zeit investiert ihr eure Kraft, Gedanken und Zeit einfach anders – in ein neues, gemeinsames Projekt. Allerdings sollte dieses Projekt eine zeitliche Begrenzung haben. Wenn die Beziehung dauerhaft auf Sparflamme läuft und sich dauerhaft Nichtbeachtung eingeschlichen hat, ist das nämlich gefährlich. Da wieder rauszukommen, ist wirklich schwierig. Deshalb solltet ihr unbedingt Zeit und Gefühle in eure Beziehung investieren. Wie das gelingen kann, ist sehr individuell. Anregungen findet ihr besser in Beziehungsratgebern als in meinem Buch. Nur so viel: Manche Paare profitieren stärker von der Romantik, gemeinsamen Restaurantbesuchen oder Paarwochenenden im Hotel. Andere kochen lieber zusammen, genießen einen Sommerabend im Garten oder schauen bewusst eine Serie zusammen und unterhalten sich anschließend darüber. Wichtig ist nur, dass diese Aktivitäten etwas Exklusives und Schönes haben. Ihr gebt euch Mühe für die Stimmung, investiert Zeit und fühlt euch einander verbunden. Und ja, solche Momente könnt und dürft ihr euch als feste Termine in den Kalender eintragen, egal ob ihr nun endlich mal wieder ins Restaurant oder ins Kino geht oder ob ihr mal wieder Sex miteinander habt. Gleiches gilt auch für Gespräche – und zwar nicht über die Kinder oder ausstehende Besorgungen, sondern über die eigenen Gefühle, Sorgen und Probleme. Ein bewährter Ansatz dazu stammt von dem Arzt und Psychoanalytiker Michael Lukas Moeller und nennt sich Zwiegespräch.[144] Dabei gibt es feste Gesprächsroutinen und Zeiten, zu denen sich das Paar trifft. Der Fokus liegt voll und ganz auf der gemeinsamen Unterhaltung. Die Kinder schlafen schon oder sind noch in der Kita, Smartphone, Fernseher oder Musik sind aus. Auch für das Zwiegespräch gibt es klare Regeln: Während einer redet, hört die andere nur zu und umgekehrt. Manchmal gibt es auch eine zeitliche Begrenzung der Redeanteile. Unterbrechungen, Einwürfe, Fragen sind erst einmal nicht erlaubt. Der Sprechende redet nur über sich (Ich-Botschaften) und wie es ihm gerade in der Beziehung und im Alltag geht. Das verhindert Vorwürfe wie »Du hast aber …«. Anders als in einem Dialog muss das, was er sagt, nicht zwingend Bezug nehmen auf das, was sie gerade ausgesprochen hat. Jede*r entscheidet selbst, worüber er oder sie sprechen will. Der große Reiz: Zwiegespräche geben tolle Einblicke in die Gefühlswelt des Gegenübers und erhöhen die emotionale Nähe. Sie zwingen auch euch selbst zur Reflexion über das eigene Verhalten und die Frage, was ihr vom Leben, dem Familienalltag und der Partnerschaft eigentlich erwartet. Und damit wären wir wieder beim Hauptanliegen in diesem Buch. Der für mich wichtigste Schritt zu mehr gelebter Vereinbarkeit ist das Im-Gespräch-Bleiben – über die eigenen Vorstellungen von Familie, Beruf, Paarbeziehung und natürlich über die eigenen Gefühle. Alle anderen Ideen und Impulse der von mir befragten Expert*innen sind als Ideen und Inspirationen gedacht. Welche ihr davon umsetzt, welche ihr gut findet und welche ihr kopfschüttelnd überblättert, das entscheidet ihr ganz allein. Schließlich müsst ihr ein Vereinbarkeitsmodell finden, das zu eurem Familienalltag passt. Im Prinzip ist es völlig egal, ob euer Lebensentwurf am Ende nun traditionell ausfällt oder modern und gleichberechtigt. Hauptsache, ihr habt euch bewusst dafür entschieden.

Mein Fazit:
Wir Eltern als Team

Kommen wir zum Abschluss zurück zu meiner Ausgangsfrage: Wie gut sind eigentlich Familie und Beruf miteinander vereinbar? Nach einem halben Jahr Recherche und unzähligen Gesprächen mit Expert*innen und Coach*innen möchte ich Johann Wolfgang von Goethe zitieren. »Da steh' ich nun, ich armer Tor, Und bin so klug als wie zuvor!«[145] – Eine Patentlösung habe ich nämlich nicht gefunden, auch keinen Zehn-Punkte-Plan für alle Eltern, der mich sicher auf Platz 1 der SPIEGEL-Bestseller-Liste bringt. Stattdessen muss ich nun mit »Kommt drauf an« antworten – geschickterweise steht diese Erkenntnis nun am Ende des Buches und nicht am Anfang, sonst würde es ja niemand kaufen. Aber natürlich hoffe ich, dass die meisten viele nützliche Impulse für den Alltag mitnehmen konnten. Vielleicht war dieses Buch sogar ein kleiner Augenöffner für euch, für all die Möglichkeiten, mit denen wir gelebte Vereinbarkeit selbst gestalten können. Ich glaube, ob Vereinbarkeit gelingt, hängt in großen Teilen davon ab, wie viel wir bereit sind zu investieren. Wir können die Kinderbetreuung und Hausarbeit besser auf vier Schultern verteilen und damit einander Last abnehmen. Wir können unseren Familienalltag entrümpeln, pragmatischer sein, Prioritäten schaffen und Ballast über Bord werfen. Zum Lohn gibt es hoffentlich mehr Zeit für das Wesentliche, für unsere Kinder und uns selbst. Wir können gleichberechtigter arbeiten und unsere Arbeit familienfreundlicher gestalten. Vielleicht müssen wir für unsere Vorstellungen allerdings die Abteilung, den Arbeitsplatz oder sogar das Unternehmen wechseln. All diese Veränderungen brauchen aber Willen, Kraft, einen langen Atem und manchmal auch ein wenig Mut oder ein dickes Fell. Schließlich seid ihr vielleicht die ersten in eurem Freundeskreis, der Familie oder dem Unternehmen, die unkonventionelle Rollenbilder leben, lange in Elternzeit gehen oder eben gleichberechtigt Karriere machen. Ihr müsst vielleicht auch mit tief liegenden gesellschaftlichen Strukturen wie dem Mutter-Mythos brechen. Ich kann durchaus verstehen, dass ihr davor zurückschreckt. Und noch eine schlechte Nachricht: Aus eigener Erfahrung kann ich sagen, dass der Weg zu mehr Vereinbarkeit kein Sprint, sondern locker ein Marathon, vielleicht sogar ein Ultra-Marathon ohne Aussicht auf einen echten Zieleinlauf ist – allen Anstrengungen zum Trotz. Vielleicht werdet ihr auch manchmal scheitern: An Rahmenbedingungen, an euch als Partner – vielleicht hält die vermeintlich perfekte Vereinbarkeit auch nur einige Monate oder Jahre. Das Familienleben ist dynamisch und ständig im Wandel. Ein zweites oder drittes Kind kommt, eine Großmutter wird pflegebedürftig, euer Job verändert sich, der Wechsel von der Kita in die Schule steht an oder eure Partnerschaft geht auseinander. Immer wieder müsst ihr nun nachverhandeln, neu justieren, alte Routinen hinterfragen und anpassen, neue schaffen. Das Einzige, was vielleicht bleibt, ist die Haltung oder modern Mindset genannt, die Lust auf Vereinbarkeit, die Ablehnung alter Rollenbilder von Frau am Herd und Mann auf der Arbeit. Die gute Nachricht: Wenn ihr den Willen zum Wandel gefunden habt, wird es euch leichterfallen, immer wieder nachzusteuern und neue Dinge auszuprobieren. Aber natürlich sind unser Engagement in der Familie, unsere Arbeit am Dorf, unsere Gleichberechtigung nur ein Teil der Wahrheit – wenn die Rahmenbedingungen nicht stimmen, scheitern wir mit noch so guten Absichten. Wenn es keine geeigneten Betreuungsplätze gibt, wenn Familienfreundlichkeit von unserem Arbeitgeber mit Füßen getreten wird, wenn wir uns Gleichberechtigung schlicht nicht leisten können, dann scheitert auch Vereinbarkeit und wir stoßen mit unserem Willen und Mindset an Grenzen. Deshalb geht ein Kulturwandel zu mehr Vereinbarkeit nur durch ein Miteinander. Wir als Eltern müssen bereit sein, neue Wege zu gehen. Politik und Wirtschaft müssen dabei helfen. Meine Wunschliste: Die Qualität von Kinderbetreuung vom ersten bis zum 18. Lebensjahr muss sich verbessern. Es braucht mehr Plätze, mehr Erzieher*innen, mehr Lehrkräfte, bessere Betreuungsschlüssel und eine angemessene Bezahlung für alle Pädagog*innen. Es braucht mehr Investitionen in die Bildung. Dabei geht es nicht nur um die Entlastung der Familien, sondern um die Zukunft und Bildungschancen unserer Kinder. Die Politik muss Eltern auch finanziell unterstützen, zum Beispiel durch die Abschaffung von vorsintflutlichen Steuerkonzepten wie dem Ehegattensplitting und mit der Überwindung des Gender Pay Gaps. Denn nur so können wir uns wirklich aussuchen, wer seine Stunden reduziert und lange in Elternzeit geht – Mama oder Papa. Vielleicht brauchen wir sogar eine Frauenquote in der Führungsebene von DAX-Konzernen, wie sie 2021 gesetzlich wird, um die verstaubten Vorstellungen von Rollenbildern und Familie aus den Unternehmen zu schütteln und mehr Familienfreundlichkeit zu schaffen. Und wir brauchen eine Revolution der Arbeitswelt – mit dreißig Stunden als neuer Wochenarbeitszeit, mit mehr Mitbestimmung über die Gestaltung unserer Arbeit –, egal ob im Homeoffice oder direkt am Menschen. Was wäre der Lohn dieser Forderungen? Eine gerechtere, gleichberechtigtere Gesellschaft und mehr Vereinbarkeit. Doch wie kommen wir dahin? Vielleicht, indem wir uns den Titel meines Buches etwas stärker zu Herzen nehmen – mit Eltern als Team. Man stelle sich mal vor, wir Mütter und Väter würden alle an einem Strang ziehen und hätten plötzlich eine so mächtige Lobby wie die Automobilbranche, einen so starken Zusammenhalt wie die Fußball-Verbände. Bildungs- und Familienpolitik hätten plötzlich oberste Priorität. Kinderbetreuung und Hausarbeit würden höchste gesellschaftliche Anerkennung genießen, vermutlich müssten wir alle weniger arbeiten und hätten mehr Zeit für die Familie. Vereinbarkeit wäre kein Problem mehr. Doch genug geträumt! Vielleicht ist es ja doch Zeit für eine kleine Kulturrevolution, die von uns Eltern ausgeht – am besten würde es uns am Abend passen. Dann schlafen unsere Kinder, und unsere Freizeit beginnt!

Danksagung

Ein großer Dank geht an alle meine Interviewpartner*innen, ohne deren tolle Ideen und Antworten die Inhalte dieses Buches nie möglich gewesen wären:

Marga Bielesch, Paartherapeutin, praxisbielesch.de
Patricia Cammarata, Bloggerin, Psychologin und Mental Load-Expertin, dasnuf.de
Hanna Drechsler, systemische Coachin für Frauen und Mütter, hannadrechsler.de
Christopher End, Systemischer Coach, christopher-end.de
Laura Fröhlich, Bloggerin und Autorin, heuteistmusik.de
Luisa Hanke, Systemische Coachin und Gründerin des VereinbarkeitsLAB, vereinbarkeitslab.de
Inke Hummel, Familienberatung und Elterncoach, inkehummel.de
Anne-Luise Kitzerow, Bloggerin und Zukunftsforscherin, grossekoepfe.de
Nathalie Klüver, Journalistin und Autorin, ganznormalemama.com
Daniel Konermann, Psychologe und Paartherapeut, daniel-konermann.de
Jonas Koziorowski, Erzieher und Instagram-Papablogger, instagram.com/jonaskozi

Jörg Kundrath, Coach und Gründer von MINDSET MOVERS
mindsetmovers.de/joerg
Nadine Pniok und Robert Frischbier, New Work tritt auf Vereinbarkeit, 2Paarschultern.de
Stephanie Poggemöller, Work & Family Consultant, workandfamily.de
Katrin Wilkens, Journalistin und Trainerin, i-do-hamburg.de
Cawa Younosi, Personalchef SAP Deutschland

Und natürlich gilt besonderer Dank auch meiner Lektorin Sandra Czech beim Kösel-Verlag und meiner Redakteurin Daniela Gasteiger, die mit ihrer tollen Arbeit dem Buch Struktur und den letzten Schliff gegeben haben, und meinem Agenten Axel Haase für seine Vermittlung.

Anhang

Baum der Stärken

Das Lebensrad – Ist-Zustand

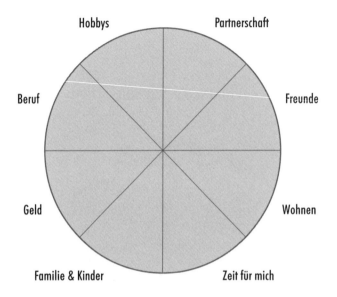

Das Lebensrad – Soll-Zustand

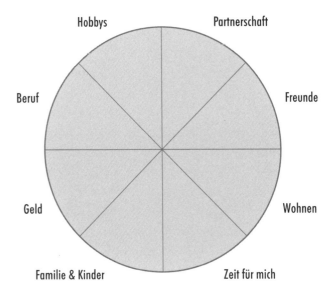

Anmerkungen/Endnoten

Alle Onlinequellen wurden letztmalig abgerufen am 8.12.2020.

1. Daniela Hungbauer: Renate Schmidt: »Frauen gehen zu oft Konflikten aus dem Weg«, in: www.augsburger-allgemeine.de/bayern/Renate-Schmidt-Frauen-gehen-zu-oft-Konflikten-aus-dem-Weg-id53725446.html
2. Dorothea Siems: »Elterngeld nur bei den Frauen eine Erfolgsstory«, in: www.welt.de/wirtschaft/article160314626/Elterngeld-nur-bei-den-Frauen-eine-Erfolgsstory.html
3. DIW-Studie: Hausarbeit bleibt an Frauen hängen, in: www.tagesschau.de/inland/frauen-hausarbeit-103.html
4. k. A.: »A personal guide to ›having it all‹«, in: www.her-career.com/a-personal-guide/
5. Udo Reuß: »Ehegattensplitting: Was bringt die gemeinsame Steuererklärung für Ehepaare«, in: www.finanztip.de/steuererklaerung/ehegattensplitting/
6. ZDF-Studie: »Männer wünschen sich mehr Elternzeit«, in: www.zdf.de/nachrichten/heute/deutschland-studie-zdf-studie-elternzeit-100.html
7. k. A.: »Nur sechs Prozent der Väter arbeiten in Teilzeit«, in: www.zeit.de/wirtschaft/2018-09/statistisches-bundesamt-arbeit-in-teilzeit-muetter-vaeter-familienform
8. k. A.: »Rechtsanspruch für unter Dreijährige«, in: www.bundesregierung.de/breg-de/themen/rechtsanspruch-fuer-unter-dreijaehrige-413834
9. Jan Dams, Nina Dinkelmeyer: »Für 342.000 Kleinkinder fehlt in Deutschland ein Kita-Platz«, in: www.welt.de/wirtschaft/karriere/bildung/article217557774/IW-Studie-Fuer-342-000-Kleinkinder-fehlt-in-Deutschland-ein-Kita-Platz.html
10. k. A.: »Ausbau der Ganztagsbetreuung für Kinder im Grundschulalter startet«, in: www.bmfsfj.de/bmfsfj/themen/familie/ausbau-der-ganztagsbetreuung-fuer-kinder-im-grundschulalter-startet/128480

11. Theresa Bücker: »Ist es radikal, alle Väter in Elternzeit zu schicken?«, in: https://sz-magazin.sueddeutsche.de/freie-radikale-die-ideenkolumne/vaeter-elternzeit-88165
12. Ann-Kathrin Eckardt: »Mehr Väterzeit muss sein«, in: www.sueddeutsche.de/politik/elterngeldreform-mehr-vaeterzeit-muss-sein-1.5036317
13. k. A.: »DIW-Studie: Warum Väter weniger Elternzeit nehmen als Mütter«, in: www.spiegel.de/karriere/studie-des-diw-vaeter-meiden-elternzeit-wegen-beruflicher-und-finanzieller-nachteile-a-1284051.html
14. René Höltschi: »Deutsche Väter neigen zu zwei Papamonaten«, in: www.nzz.ch/wirtschaft/elterngeld-deutsche-vaeter-neigen-zu-zwei-papamonaten-ld.1574268
15. Susanne Mierau: »Männer können's auch«, in: www.was-verdient-die-frau.de/++co++0070b276-aa43-11ea-a32d-525400e5a74a
16. Margarete Blank-Mathieu: »Die Bedeutung des Vaters im Leben des Kindes«, in: www.kindergartenpaedagogik.de/fachartikel/paedagogik/181
17. Susanne Paulsen und Rainer Harf: »Wodurch Männer ihre Kinder prägen«, in: *GEO SPEZIAL* Nr. 61, Kraft der Familie.
18. Birk Grüling: »Väter sollten durchaus mal am Herd stehen«, in: www.maz-online.de/Nachrichten/Wissen/Vaeter-sollten-durchaus-mal-am-Herd-stehen
19. Tatjana Heid: »Weg mit den Zwei-Monats-Vätern«, in: www.faz.net/aktuell/feuilleton/familie/elternzeit-weg-mit-den-zwei-monats-vaetern-15207901.html
20. Bundesministerium für Familie, Senioren, Frauen und Jugend: *Väterreport 2018. Vater sein in Deutschland heute*, S. 23.
21. k. A.: »DIW-Studie: Warum Väter weniger Elternzeit nehmen als Mütter«, in: www.spiegel.de/karriere/studie-des-diw-vaeter-meiden-elternzeit-wegen-beruflicher-und-finanzieller-nachteile-a-1284051.html
22. Ebd.
23. k. A.: »ZDF-Studie: Männer wünschen sich mehr Elternzeit«, in: www.zdf.de/nachrichten/heute/deutschland-studie-zdf-studie-elternzeit-100.html
24. k. A.: »Statistisches Bundesamt: Nur sechs Prozent der Väter arbeiten in Teilzeit«, in: www.zeit.de/wirtschaft/2018-09/statistisches-bundesamt-arbeit-in-teilzeit-muetter-vaeter-familienform
25. k. A.: »Studie: Elternzeit-Väter machen später auch mehr im Haushalt«, in: www.faz.net/aktuell/gesellschaft/studie-elternzeit-vaeter-machen-spaeter-auch-mehr-im-haushalt-15843982.html
26. Nina Trentmann: »Fünf Dinge, die Sterbende am meisten bedauern«, in:

www.welt.de/vermischtes/article13851651/Fuenf-Dinge-die-Sterbende-am-meisten-bedauern.html
27. Schlafgewohnheiten von 0 bis 3 Monaten, in: https://www.babycenter.de/a9022/praktikable-schlafgewohnheiten-von-0-bis-3-monaten
28. k. A.: »Gender Care Gap – ein Indikator für die Gleichstellung«, in: www.bmfsfj.de/bmfsfj/themen/gleichstellung/gender-care-gap/indikator-fuer-die-gleichstellung/gender-care-gap---ein-indikator-fuer-die-gleichstellung/137294
29. Laura Fröhlich: *Die Frau fürs Leben ist nicht das Mädchen für alles. Was Eltern gewinnen, wenn sie den Mental Load teilen*, München 2020, S. 33ff.
30. Patricia Cammarata: *Raus aus der Mental Load-Falle. Wie gerechte Arbeitsteilung in der Familie gelingt*, Weinheim 2020, S. 135.
31. Ebd., S. 88.
32. Laura Fröhlich: *Die Frau fürs Leben ist nicht das Mädchen für alles. Was Eltern gewinnen, wenn sie den Mental Load teilen*, München 2020, S. 165.
33. Ebd., S. 145.
34. Birk Grüling: »Gerechte Verteilung des Mental Load: ›Mutti macht das schon‹ ist nicht mehr zeitgemäß«, in: www.rnd.de/familie/mental-load-mutti-macht-das-schon-ist-nicht-mehr-zeitgemass-6ZVGKW5RGNAP7ERWCW6X45TZKQ.html
35. Margrit Stamm: *Du musst nicht perfekt sein, Mama! Schluss mit dem Supermama-Mythos*, München 2020, S. 59.
36. Heike Kleen: »Mom Shaming: Der Krieg der Mütter«, in: www.spiegel.de/gesundheit/schwangerschaft/mom-shaming-der-krieg-der-muetter-a-c20cbc5b-0e50-4c50-be5e-34d1b88b0c89
37. Laura Fröhlich: *Die Frau fürs Leben ist nicht das Mädchen für alles. Was Eltern gewinnen, wenn sie den Mental Load teilen*, München 2020, S. 61.
38. Anja Knabenhans: »Warum Mütter zwischen 30 und 50 hoch stressgefährdet sind«, in: www.nzz.ch/gesellschaft/eltern-auf-dem-scheiternhaufen-ld.1551544
39. Margrit Stamm: *Du musst nicht perfekt sein, Mama! Schluss mit dem Supermama-Mythos*, München 2020, S. 93ff.
40. ärzteblatt.de: »Müttergenesungswerk: Mütter und Kinder kränker als angenommen«, in: www.aerzteblatt.de/nachrichten/114098/Muettergenesungswerk-Muetter-und-Kinder-kraenker-als-angenommen
41. Birk Grüling: »Perfekt in Karriere und Familie? Der Mythos der Supermama«, in: www.rnd.de/familie/perfekt-in-karriere-und-familie-der-mythos-der-supermama-wie-unsere-gesellschaft-uberzogene-erwartungen-an-mutter-stellt-2HC7W6FMXVE33DTD6UJ6TQOW2M.html
42. Ebd.

43. Daniela Hungbauer: »Renate Schmidt: Frauen gehen zu oft Konflikten aus dem Weg«, in: www.augsburger-allgemeine.de/bayern/Renate-Schmidt-Frauen-gehen-zu-oft-Konflikten-aus-dem-Weg-id53725446.html
44. Laura Fröhlich: *Die Frau fürs Leben ist nicht das Mädchen für alles. Was Eltern gewinnen, wenn sie den Mental Load teilen*, München 2020, S. 53.
45. Olaf Storbeck: »Vergleichen macht unglücklich«, in: www.handelsblatt.com/politik/konjunktur/oekonomie/wissenswert/studie-vergleichen-macht-ungluecklich/3474688-all.html
46. Stephanie Poggemöller: »Hilfestellungen für den Umgang mit dem schlechten Gewissen« (Podcast *Work & Family*, Folge 22), in: workandfamily.de/podcast-vereinbarkeit-von-familie-und-beruf
47. Margrit Stamm: *Du musst nicht perfekt sein, Mama! Schluss mit dem Supermama-Mythos*, München 2020, S. 232f.
48. Anja Knabenhans: »Warum Mütter zwischen 30 und 50 hoch stressgefährdet sind«, in: www.nzz.ch/gesellschaft/eltern-auf-dem-scheiternhaufen-ld.1551544
49. Hanna Drechsler: »Selbstfürsorge – Bist du dir selbst eine gute Mutter?« (Podcast Mama in Balance, Folge 3), in: www.hannadrechsler.de/podcast/
50. Parvin Sadigh: »Gute Schläge gibt es nicht«, in: www.zeit.de/gesellschaft/familie/2012-03/erziehung-schlaege/seite-2
51. Christian Hemschemeier: »Selbstliebe: Ein wichtiger Baustein für langfristiges Glück«, in: www.rnd.de/liebe-und-partnerschaft/paartherapeut-selbstliebe-ist-baustein-fur-langfristiges-gluck-CXW4S7EE2VE7VP7JIWG3RF6XBU.html
52. Thilo Neumann: »Nach dem ersten Kind haben viele Eltern genug«, in: www.faz.net/aktuell/gesellschaft/psychologie-studie-kinder-koennen-ungluecklich-machen-13748302.html
53. Caroline Schmidt: »Kleine Liebestöter«, in: *SPIEGEL Wissen Erziehung*, 2016 S. 67.
54. k. A.: »Was ist Was? Pekip, Delfi und Co«, in: https://fuermamas.de/baby/baby-entwicklung/was-ist-was-pekip-delfi-und-co
55. k. A.: »Jedes dritte Kleinkind wird tagsüber nicht zu Hause betreut«, in: www.faz.net/aktuell/karriere-hochschule/kinder-unter-drei-jahren-betreuungsquote-um-1-3-prozent-gestiegen-16978606.html
56. Jan Dams, Nina Dinkelmeyer: »Für 342.000 Kleinkinder fehlt in Deutschland ein Kita-Platz«, in: www.welt.de/wirtschaft/karriere/bildung/article217557774/IW-Studie-Fuer-342-000-Kleinkinder-fehlt-in-Deutschland-ein-Kita-Platz.html
57. Heike Anger: »Unternehmen entdecken Kinderbetreuung als

Erfolgsfaktor«, in: www.handelsblatt.com/politik/deutschland/
studie-unternehmen-entdecken-kinderbetreuung-als-erfolgsfaktor/
26188374.html?ticket=ST-683840-uyOKnG9014NyiFBsKFTV-ap6
58. Antje Kunstmann: »Reize wie im Großraumbüro«, in: *Brigitte* 06/2020, S. 88.
59. Inka Schmelling: »Im kunterbunten Mittelmaß«, in: *SPIEGEL WISSEN* 2016, S. 120.
60. Ebd.
61. Agathe Israel: »Frühe Fremdbetreuung in der DDR – Erfahrungen mit der Krippenerziehung«, in: www.bpb.de/geschichte/zeitgeschichte/deutschlandarchiv/259587/erfahrungen-mit-der-krippenerziehung
62. Jan Hauser: »Deutschland fehlen 106.500 Erzieher«, in: www.faz.net/aktuell/wirtschaft/fachkraeftemangel-in-kitas-deutschland-fehlen-106-500-erzieher-16402636.html
63. Silke Fokken: »1,7 Millionen Kinder in Kitas ›nicht kindgerecht‹ betreut«, in: www.bertelsmann-stiftung.de/de/unsere-projekte/fruehkindliche-bildung/projektnachrichten/eine-frage-der-qualitaet-kitas-haben-oft-zu-wenig-personal
64. Birgit Marschall: »Zu wenig Personal in den Kitas«, in: www.deutschlandfunkkultur.de/bertelsmann-studie-zu-wenig-personal-in-den-kitas.2950.de.html?dram:article_id=482987
65. Birk Grüling: »Psychische Gewalt: Was die Pflanzenpflege über die Qualität einer Kita aussagen kann«, in: www.rnd.de/familie/psychische-gewalt-was-die-pflanzenpflege-uber-die-qualitat-einer-kita-aussagen-kann-5ADIP4SCZFCEDHO76EZDQIYNIE.html
66. k. A.: »Mehr als drei Viertel der Mütter mit Schulkindern gehen arbeiten«, in: www.zeit.de/wirtschaft/2020-05/erwerbsbeteiligung-muetter-deutschland-gestiegen-statistisches-bundesamt
67. Bundesministerium für Familie, Frauen, Senioren und Jugend: *Bilanz 10 Jahre Elterngeld*, S. 5, in: www.bmfsfj.de/blob/113300/8802e54b6f0d78e160ddc3b0fd6fbc1e/10-jahre-elterngeld-bilanz-data.pdf
68. Stephanie Poggemöller: »Wie kann ich mir für den Wiedereinstieg meiner Stärken bewusst werden?«, Podcast Work and Family, Folge 19, in: https://podcasts.apple.com/de/podcast/wie-kann-ich-mir-für-den-wiedereinstieg-meiner-stärken/id1497041280?i=1000488481776
69. Marie Rövekamp: »Elterngeld führt zu fairerer Arbeitsteilung«, in: www.tagesspiegel.de/wirtschaft/vereinbarkeit-von-familie-und-beruf-elterngeld-fuehrt-zu-fairerer-arbeitsteilung/20229612.html
70. OECD: »Dare to Share – Deutschlands Weg zur Partnerschaftlichkeit in Familie und Beruf«, in: https://read.oecd-ilibrary.org/social-

issues-migration-health/dare-to-share-deutschlands-weg-zur-partnerschaftlichkeit-in-familie-und-beruf/zusammenfassung_9789264263420-3-de#page1
71. k. A.: »Das bisschen Haushalt macht die Frau«, in: www.tagesschau.de/inland/hausarbeit-frauen-101.html
72. Bundesministerium für Familie, Senioren, Frauen und Jugend: »Väterreport: Vater sein in Deutschland«, 2018: in: www.bmfsfj.de/blob/127268/2098ed4343ad836b2f0534146ce59028/vaeterreport-2018-data.pdf
73. Andrea Dernbach: »Der lange Schatten der Hausfrauenehe«, in: www.tagesspiegel.de/politik/ehegattensplitting-der-lange-schatten-der-hausfrauenehe/10042290.html
74. k. A.: »Was ist das ›Ehegatten-Splitting‹?«, in: www.vlh.de/wissen-service/steuer-abc/was-ist-das-ehegatten-splitting.html
75. Simone Smollack: »Fair und transparent«, in: https://taz.de/Finanzexpertin-ueber-Equal-Pay-in-Island/!5669832/
76. Jan Dams, Nina Dinkelmeyer: »Für 342.000 Kleinkinder fehlt in Deutschland ein Kita-Platz«, in: https://www.welt.de/wirtschaft/karriere/bildung/article217557774/IW-Studie-Fuer-342-000-Kleinkinder-fehlt-in-Deutschland-ein-Kita-Platz.html
77. Silke Fokken: »1,7 Millionen Kinder in Kitas ›nicht kindgerecht‹ betreut«, in: https://www.spiegel.de/panorama/bildung/laendermonitoring-1-7-millionen-kinder-in-kitas-nicht-kindgerecht-betreut-a-1862ad62-110e-45e4-afda-71940b9777ed
78. k. A.: »Individuelle Förderung durch Ganztagsbetreuung«, in: https://www.bundesregierung.de/breg-de/aktuelles/ganztagsausbau-grundschulen-1766962
79. Vera Rosigkeit: »Ganztag für Grundschulkinder: ›Wir wollen nicht nur Aufbewahrung‹«, in: https://www.vorwaerts.de/artikel/ganztag-grundschulkinder-wollen-nur-aufbewahrung
80. Stefan Beiersmann: »Studie: Coronakrise treibt Homeoffice in Deutschland voran«, in: www.zdnet.de/88378877/studie-coronakrise-treibt-homeoffice-in-deutschland-voran/
81. Nathalie Klüver: »So finden Sie die richtigen Familienrituale gegen Stress«, in: www.spiegel.de/panorama/rituale-so-reduzieren-sie-stress-im-familienleben-a-44f40de2-618f-4a60-8c1e-a143961879ed
82. Laura Fröhlich: *Die Frau fürs Leben ist nicht das Mädchen für alles. Was Eltern gewinnen, wenn sie den Mental Load teilen*, 2020, S. 165.
83. Die Babysitter-Ausbildung: www.drk.de/hilfe-in-deutschland/kurse-im-ueberblick/kurs-babysitterausbildung/
84. Sarah Plück: »So können Ersatzomas Familien unterstützen«, in: www.familie.de/kleinkind/betreuung/die-richtige-leih-oma-finden/

85. k. A.: »Was kostet ein Au-Pair-Mädchen pro Monat«, in: www.au-pair.com/gastfamilien/aupair-kosten/
86. Martina Meister, Freia Peters: »Was deutsche Frauen von Französinnen lernen können«, in: www.welt.de/politik/deutschland/article148651658/Was-deutsche-Frauen-von-Franzoesinnen-lernen-koennen.html
87. Mira Gajevic: »Mit Kind in Frankreich. ›Es gibt keinen Mutterkult‹«, in: https://www.ksta.de/ratgeber/familie/mit-kind-in-frankreich--es-gibt-keinen-mutterkult--945700
88. Clemens Bomsdorf: »Der nahezu gläserne Schwede«, in: https://www.zeit.de/wirtschaft/2015-03/loehne-steuern-schweden-scheswig
89. Sabine Grüneberg: »Von schwedischen Kindergärten lernen«, in: https://www.sueddeutsche.de/leben/neue-wege-in-der-betreuung-von-schwedischen-kindergaerten-lernen-1.1649634
90. Christian Stichler: »Mehr Zeit für Kinder«, in: https://www.tagesschau.de/ausland/weltkindertag-103.html
91. k. A.: »Jedes dritte Kleinkind wird tagsüber nicht zu Hause betreut«, in: https://www.faz.net/aktuell/karriere-hochschule/kinder-unter-drei-jahren-betreuungsquote-um-1-3-prozent-gestiegen-16978606.html
92. Jan Dams, Nina Dinkelmeyer: »Für 342.000 Kleinkinder fehlt in Deutschland ein Kita-Platz«, in: https://www.welt.de/wirtschaft/karriere/bildung/article217557774/IW-Studie-Fuer-342-000-Kleinkinder-fehlt-in-Deutschland-ein-Kita-Platz.html
93. Niklas Cordes: »Agentur vermittelt Kita-Plätze gegen Geld«, in: https://www.morgenpost.de/berlin/article208371345/Agentur-vermittelt-Kita-Plaetze-gegen-Geld.html
94. Ricarda Breyton: »Warum so wenige Eltern den Kita-Platz einklagen«, in: https://www.welt.de/politik/deutschland/article167128060/Warum-so-wenige-Eltern-den-Kita-Platz-einklagen.html
95. Behrends, Jenna: *Rabenvater Staat. Warum unsere Familienpolitik einen Neustart braucht*, München 2019, S. 165.
96. Silke Fokken: »1,7 Millionen Kinder in Kitas ›nicht kindgerecht‹ betreut«, in: www.spiegel.de/panorama/bildung/laendermonitoring-1-7-millionen-kinder-in-kitas-nicht-kindgerecht-betreut-a-1862ad62-110e-45e4-afda-71940b9777ed
97. k. A.: »Schulkinder in Hort und Ganztagsbetreuung – Rechtsanspruch«, in: https://www.bildungsserver.de/Rechtsanspruch-Ganztagsbetreuung-4932-de.html
98. Behrends, Jenna: *Rabenvater Staat. Warum unsere Familienpolitik einen Neustart braucht*, München 2019, S. 173.
99. Wido Geis-Thönen: »Ganztagsbetreuung von Grundschulkindern«, in:

www.iwkoeln.de/studien/iw-reports/beitrag/wido-geis-thoene-ganztagsbetreuung-von-grundschulkindern.html
100. Bundesministerium für Familie, Senioren, Frauen und Jugend: *Familienreport 2017. Leistung, Wirkung, Trends*, S. 46f., in: www.bmfsfj.de/blob/119524/f51728a14e3c91c3d8ea657bb01bbab0/familienreport-2017-data.pdf
101. Daniel Eckert: »Das Teilzeit-Dilemma offenbart sich ab dem 35. Geburtstag«, in: www.welt.de/wirtschaft/karriere/article203451086/Arbeit-Teilzeitquote-steigt-sogar-bei-Frauen-mit-hohem-Bildungsstand.html
102. Statistisches Bundesamt: »Zahl der Ehescheidungen im Jahr 2019 um 0,6 % gestiegen«, in: www.destatis.de/DE/Presse/Pressemitteilungen/2020/07/PD20_268_12631.html;jsessionid=2D6AF1582CD20D7186B7239BFFE29424.internet8742
103. Albert Funk: »Überdurchschnittlich armutsgefährdet«, in: www.tagesspiegel.de/politik/alleinerziehend-in-deutschland-ueberdurchschnittlich-armutsgefaehrdet/22875296.html
104. Nadja Schlüter: »Halbpension«, in: www.fluter.de/warum-frauen-weniger-rente-kriegen
105. Deutsches Institut für Wirtschaftsforschung (DIW) und Zentrum für Europäische Wirtschaftsforschung (ZEW): *Entwicklung der Altersarmut bis 2036*, S. 34, in: www.bertelsmann-stiftung.de/fileadmin/files/BSt/Publikationen/GrauePublikationen/Entwicklung_der_Altersarmut_bis_2036.pdf
106. Johannes Pennekamp: »Mutter zu werden kostet Frauen ein Vermögen«, in: www.faz.net/aktuell/wirtschaft/studie-mutter-zu-werden-kostet-frauen-ein-vermoegen-16825480.html
107. Ebd.
108. Bundesministerium für Familie, Senioren, Frauen und Jugend: *Familienreport 2017. Leistung, Wirkung, Trends*, S. 48, in: www.bmfsfj.de/blob/119524/f51728a14e3c91c3d8ea657bb01bbab0/familienreport-2017-data.pdf
109. Maren Hoffmann: »Womit man junge High Potentials locken kann«, in: www.manager-magazin.de/unternehmen/karriere/bcg-studie-ueber-millennials-wie-man-high-potentials-lockt-a-1231189.html
110. k. A.: »Der Erfolg hat viele Väter«, in: *Men's Health DAD* 02/18, S. 42
111. Simon Book, Henning Jauernig, Alexander Jung, Maren Keller, Thomas Schulz und Robin Wille: »Wie wir arbeiten, leben, wohnen werden«, in: https://www.spiegel.de/wirtschaft/corona-zeitenwende-wie-wir-in-zukunft-leben-und-arbeiten-werden-a-00000000-0002-0001-0000-000172863200

112. ifo Institut: »Mehrheit der Unternehmen will Homeoffice dauerhaft ausweiten«, in: https://www.ifo.de/node/56686
113. Harvard Business Manager: »Mietpreise für Büros sinken um 10 bis 20 Prozent«, in: https://www.manager-magazin.de/harvard/management/immobilien-mietpreise-fuer-bueros-sinken-um-10-bis-20-prozent-a-00000000-0002-0001-0000-000172382641
114. k. A.: »Studie: Homeoffice wirkt sich positiv auf Produktivität aus«, in: https://www.handelsblatt.com/politik/deutschland/coronakrise-studie-homeoffice-wirkt-sich-positiv-auf-produktivitaet-aus
115. Dieter Nürnberger: »Beschäftigte finden Home-Office überwiegend gut«, in: https://www.deutschlandfunk.de/dak-studie-beschaeftigte-finden-home-office-ueberwiegend-gut.766.de.html?dram:article_id=481029
116. Heike Anger: »Unternehmen entdecken Kinderbetreuung als Erfolgsfaktor«, in: https://www.handelsblatt.com/politik/deutschland/studie-unternehmen-entdecken-kinderbetreuung-als-erfolgsfaktor/26188374.html
117. Ebd.
118. k. A.: »Unternehmen werden in Corona-Krise familienbewusster«, in: https://www.prognos.com/presse/news/detailansicht/2007/af-5018057c496ddbf1468c34f5ce63c4/
119. Bitkom: »Corona-Pandemie: Arbeit im Homeoffice nimmt deutlich zu«, in: https://www.bitkom.org/Presse/Presseinformation/Corona-Pandemie-Arbeit-im-Homeoffice-nimmt-deutlich-zu
120. Fraunhofer-Institut für Angewandte Informationstechnik FIT: »Fraunhofer-Umfrage ›Homeoffice‹: Ist digitales Arbeiten unsere Zukunft?«, in: https://www.fit.fraunhofer.de/de/presse/20-07-07_fraunhofer-umfrage-homeoffice-ist-digitales-arbeiten-unsere-zukunft.html
121. Leibniz-Zentrum für Europäische Wirtschaftsforschung: »Unternehmen wollen auch nach der Krise an Homeoffice festhalten«, in: https://www.zew.de/presse/pressearchiv/unternehmen-wollen-auch-nach-der-krise-an-homeoffice-festhalten
122. DAK: »Gesundheitsreport 2020. Stress in der modernen Arbeitswelt«, in: https://www.dak.de/dak/gesundheit/report-suchtrisiko-bei-erwerbstaetigen-2365966.html#/
123. Agnes Popp: »Vier-Tage-Woche: Utopie oder realistisches Modell?«, in: https://www.br.de/nachrichten/deutschland-welt/4-tage-woche-utopie-oder-realistisches-modell,S69xRGH
124. Ornella Wächter: »Wird Teilzeit das neue Vollzeit?«, in: https://kurier.at/wirtschaft/karriere/30-stunden-jobs-wird-teilzeit-das-neue-vollzeit/401020517

125. k. A.: »Lange Arbeitszeiten machen krank, die Menschen sind keine Maschinen«, in: https://www.ibg.at/lange-arbeitszeiten-machen-krank-die-menschen-sind-keine-maschinen/
126. Martin Scheele: »Die Teilzeit-Chefs«, in: https://www.sueddeutsche.de/karriere/fuehrungskraefte-job-teilzeit-vollzeit-1.4259489
127. k. A.: »Die Teilzeitfalle ist noch da«, in: https://www.faz.net/aktuell/karriere-hochschule/buero-co/frauenerwerbstaetigkeit-die-teilzeitfalle-ist-noch-da-16483262.html
128. Susanne Tappe: »Wie SAP bei der Teilzeit neue Wege geht«, in: https://www.ndr.de/nachrichten/info/Wie-SAP-bei-der-Teilzeit-neue-Wege-geht,teilzeitmodell100.html
129. k. A.: »So vergeht in Zukunft die Arbeit wie im Flug«, in: *Men's Health DAD* 01/18, S. 90.
130. k. A.: »Was wir in 5 Jahren Jobsharing gelernt haben«, in: www.xing.com/news/articles/was-wir-in-5-jahren-jobsharing-gelernt-haben-interview-mit-tandemploy-grunderin-anna-kaiser-2306186?xing_share=news
131. Andreas Weck: »Warum Jobsharing mehr als nur ein ›Muttimodell‹ ist«, in: https://t3n.de/magazin/karriere-im-tandem-jobsharing-248598/
132. Nadine Bös: »Teilzeit ohne Falle«, in: www.faz.net/aktuell/karriere-hochschule/buero-co/kann-jobsharing-ein-weg-aus-der-teilzeitfalle-sein-16371605.html
133. k. A.: »Jobsharing bleibt ein Randphänomen«, in: www.faz.net/aktuell/karriere-hochschule/buero-co/tandem-gesucht-jobsharing-bleibt-ein-randphaenomen-16060768.html
134. k. A.: »Umfrage: Firmen werden familienfreundlicher«, in: www.zeit.de/news/2019-09/17/umfrage-firmen-werden-familienfreundlicher
135. Jan Schulte: »Die Vereinbarkeit gehört schon ins Bewerbungsgespräch«, in: www.welt.de/wirtschaft/karriere/article188455423/Vereinbarkeit-Wie-der-Arbeitsalltag-familienfreundlicher-wird.html
136. Birk Grüling: »Karriere – was heißt das?«, in: https://www2.daad.de/der-daad/daad-aktuell/de/62081-karriere--was-heisst-das/
137. DAK: »Gesundheitsreport 2020: Stress in der modernen Arbeitswelt«, in: www.dak.de/dak/gesundheit/report-suchtrisiko-bei-erwerbstaetigen-2365966.html#/
138. Krystin Arneson: »How ›Feierabend‹ helps Germans disconnect from the workday«, in: www.bbc.com/worklife/article/20200929-how-feierabend-helps-germans-disconnect-from-the-workday
139. Luisa Schulz: »Achtsam arbeiten im digitalen Zeitalter«, in: https://news.sap.com/germany/2019/10/achtsam-arbeiten/

140. k. A.: »DerErfolg hat viele Väter«, in: *Men's Health DAD* 02/2018, S. 44.
141. Anja Schüür-Langkau: »Ein Betriebskindergarten senkt die Mitarbeiterfluktuation«, in: www.springerprofessional.de/management---fuehrung/fachkraeftemangel/ein-betriebskindergarten-senkt-die-mitarbeiterfluktuation/6601138
142. Ralf-Ingo S.: »Betriebskindergarten: Vorteile, Kosten und Unterschiede zur regulären Kita«, in: www.kita.de/wissen/betriebskindergarten/
143. Margit Dechel: »WIR Zuerst«, in: *New Work Mum* Nr. 02/2020, S. 54.
144. k. A.: »Beziehungsprobleme: Wundermedizin Zwiegespräch«, in: https://www.simplify.de/gesundheit/wasser/partnerschaft/beziehungsprobleme/artikel/beziehungsprobleme-wundermedizin-zwiegespraech/
145. Johann Wolfgang von Goethe: *Faust. Der Tragödie erster Teil.*

Raus aus dem Hamsterrad!

Wer Familie hat, bekommt den Alltag oft besonders hart zu spüren. Höchste Zeit also, die Perspektive zu wechseln! In 20 kleinen Fluchten zeigt Vera Schroeder, wie man im täglichen Wahnsinn das ganz persönliche Familienglück wiederfindet.

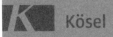

www.koesel.de

Damit Beziehungen in der Familie gelingen

Dieses Grundlagenwerk erklärt umfassend, was für die Beziehungen innerhalb der Familie heute entscheidend und förderlich ist. Es vermittelt, wie Kinder die Schlüsselkompetenzen erwerben, die sie für ihr Leben brauchen. Über die Eltern-Kind-Beziehung hinaus werden hier alle wichtigen Themen rund um Familie, Partnerschaft und Beziehungskompetenz behandelt.

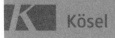

www.koesel.de